Kelten an Hoch- und Oberrhein

Führer zur archäologischen Denkmälern in Baden-Württemberg

Herausgegeben vom
Landesamt für Denkmalpflege
im Regierungspräsidium Stuttgart,
dem Förderkreis Archäologie in Baden
und
der Gesellschaft für Vor- und Frühgeschichte
in Württemberg und Hohenzollern

Band 24

in Verbindung mit den folgenden Institutionen:
Referat Denkmalpflege
im Regierungspräsidium Freiburg,

Archäologische Bodenforschung Basel-Stadt
(Schweiz),

Service d'Archéologie Ensisheim
(Frankreich),

Institut für Ur- und Frühgeschichte
und der Archäologie des Mittelalters
der Universität Freiburg,

Institut für Ur- und Frühgeschichte
der Universität Tübingen,

Abteilung für Ur- und Frühgeschichte
der Universität Zürich (Schweiz),

Inventar der Fundmünzen der Schweiz,

Institut für Zerstörungsfreie Analytik
+ Archäometrie Basel (Schweiz)

Konrad Theiss Verlag

Baden-Württemberg
REGIERUNGSPRÄSIDIUM FREIBURG

Erziehungsdepartement des Kantons Basel-Stadt
Archäologische Bodenforschung

Conseil Général
Haut-Rhin

EBERHARD KARLS
UNIVERSITÄT
TÜBINGEN

IFS ITMS IRMS
Inventar der Fundmünzen der Schweiz
Inventaire des trouvailles monétaires suisses
Inventario dei ritrovamenti monetali svizzeri

IFZAA
Institut für Zerstörungsfreie Analytik + Archäometrie

Kelten an Hoch- und Oberrhein

von Andrea Bräuning, Andreas Burkhardt, Rolf Dehn,
Eckhard Deschler-Erb, Saskia Dornheim, Andrea Hagendorn,
Christoph Huth, Michael Nick, Norbert Spichtig, Holger Wendling,
und Jean-Jacques Wolf

THEISS

Bibliographische Information Der Deutschen Bibliothek
Die Deutsche Bibliothek verzeichnet diese Publikation in der Deutschen Nationalbibliographie; detaillierte bibliografische Daten sind im Internet über <http://dnb.ddb.de> abrufbar.

UMSCHLAG VORNE:
Eberfigürchen, Stierköpfchen und Achsnagel in Form eine Männerkopfes.
Alle Fundstücke aus Altenburg-Rheinau.
Fotos: Referat 25, Denkmalpflege Regierungspräsidium Freiburg
und H.-P. Vieser, Städtische Museen Freibung.

UMSCHLAGRÜCKSEITE:
Ansicht der Mauerfront der Befestigung des Oppidums von Kirchzarten-*Tarodunum*.
Foto: Ref. 25, Denkmalpflege Regierungspräsidium Freiburg.

Umschlag: DesignConcepts GmbH, Furtwangen
Satz und Layout: Claudia Greiner, Remshalden
Gesamtherstellung: Druckerei Dünnbier, Großschönau
Printed in Germany
ISBN 10 3-8062-2034-4
ISBN 13 978-3-8062-2034-6

Inhalt

Grußwort

Die Region an Hoch- und Oberrhein kann auf eine lange Geschichte zurückblicken, die zu beiden Seiten des Rheins gleichermaßen verlief. Denn anders als heute stellte der Rhein in vorgeschichtlicher Zeit keine Grenze dar.

Neben den zahlreichen Relikten der Römer und Alamannen sind es vor allem die Hinterlassenschaften der Kelten, die den Südwesten des Regierungsbezirkes prägen. Gerade in Bezug auf die letzten beiden Jahrhunderte vor Christi Geburt, die mit den späten Kelten verbunden werden, sind Dank intensiver archäologischer und naturwissenschaftlicher Forschungen in den letzten Jahren viele neue und herausragende Erkenntnisse gewonnen worden. Neben einem klareren Bild zur Siedlungsstruktur zwischen Rhein und Schwarzwald, sind es vor allem die Erkenntnisse zu Handwerk, Geldgeschichte und Handel, die sich immer mehr präzisieren lassen. Daneben faszinieren die für die Kelten so charakteristischen Tier- und Menschendarstellungen in ihrer Vielfalt aber auch in ihrem einzigartigen Stil.

Ich freue mich, dass die im Jahre 2003 ins Leben gerufene, in lockeren Abständen stattfindende Ausstellungsreihe zur südbadischen Archäologie im Basler Hof mit der Ausstellung zu den Kelten an Hoch- und Oberrhein fortgesetzt wird. Dass dies möglich ist, verdanken wir der engen und fruchtbaren Zusammenarbeit zwischen der Kantonsarchäologie Basel-Stadt, dem Service d'Archéologie Ensisheim, den Universitäten Freiburg, Tübingen und Zürich, dem Institut für Zerstörungsfreie Analytik + Archäometrie in Basel sowie dem Inventar der Fundmünzen in der Schweiz mit meinem Haus.

Mein besonderer Dank gilt dem Präsidenten des Landesamts für Denkmalpflege im Regierungspräsidium Stuttgart, Herrn Prof. Dr. Dieter Planck für die Aufnahme des kleinen Ausstellungsbandes in die Reihe „Führer zu archäologischen Denkmälern in Baden-Württemberg", Frau Dr. Andrea Bräuning, der Leiterin des Fachbereichs Archäologie im Referat Denkmalpflege im Regierungspräsidium Freiburg für Konzeption und Umsetzung, sowie allen Vertretern der archäologischen Institutionen sowohl in Baden-Württemberg, als auch im Elsass und der Nordostschweiz, die an diesem Projekt beteiligt waren.

Eingeleitet wird der kleine Führer mit einem Überblick über die keltische Welt und warum es Sinn macht, dass wir uns heute noch mit den Kelten beschäftigen. Im Anschluss daran werden Themen wie das erste Geld und die ersten Städte in Mitteleuropa, keltische Kunst und Handwerk, die Wirtschaft und der Handel beleuchtet. Den zweiten Teil umfassen, ansprechend bebildert, neun Fundortporträts aus der „Regio" mit Karten und Fundstücken, die zu einem Besuch vor Ort einladen.

Danken möchte ich den Autorinnen und Autoren Andrea Bräuning, Andreas Burkhardt, Rolf Dehn, Eckhard Deschler-Erb, Saskia Dornheim, Andrea Hagendorn, Christoph Huth, Michael Nick, Norbert Spichtig, Holger Wendling, Jean-Jacques Wolf sowie Frau Kerstin Bernlöhr, Frau Maren Dieke für die Redaktion und Herrn Clark Urbans für den Abbildungsteil.

Ich wünsche der Ausstellung „Kelten an Hoch- und Oberrhein“ hier im Basler Hof und auf ihren weiteren Stationen im Lande viel Erfolg, allen Freunden der archäologischen Denkmalpflege neue Einsichten und Erkenntnisse und allen Besucherinnen und Besuchern einen echten Bildungsgewinn.

Dr. Sven von Ungern-Sternberg
Regierungspräsident
des Regierungsbezirks Freiburg

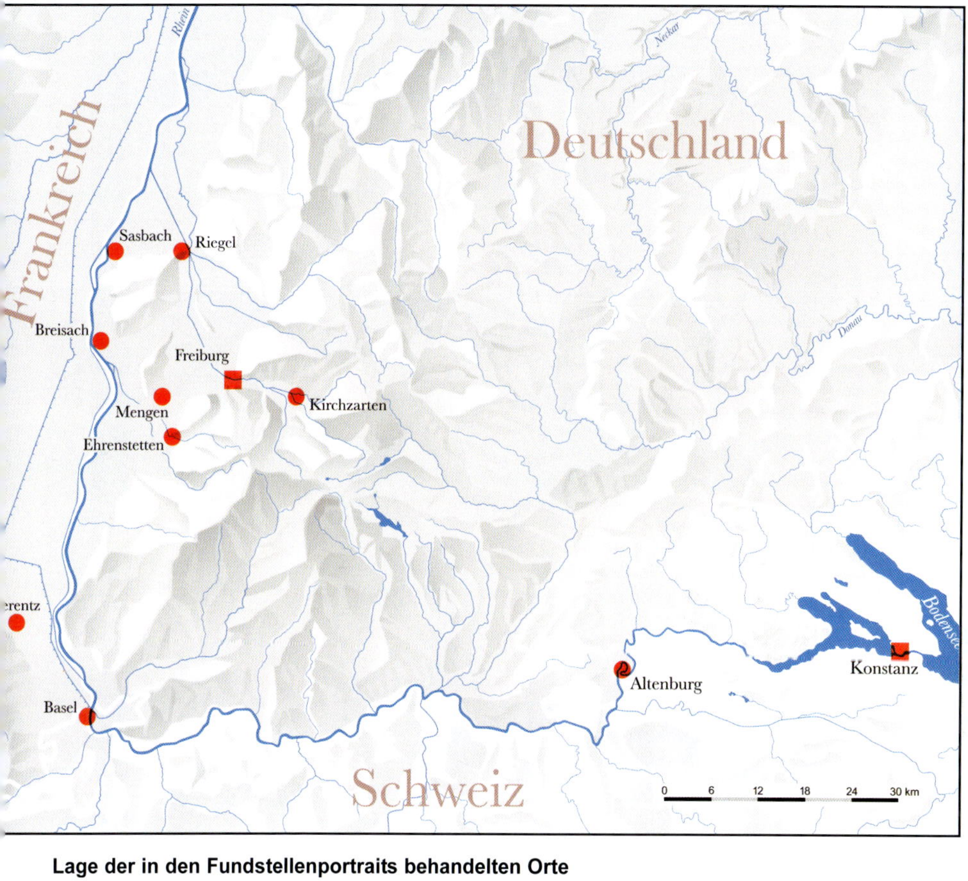

Lage der in den Fundstellenportraits behandelten Orte

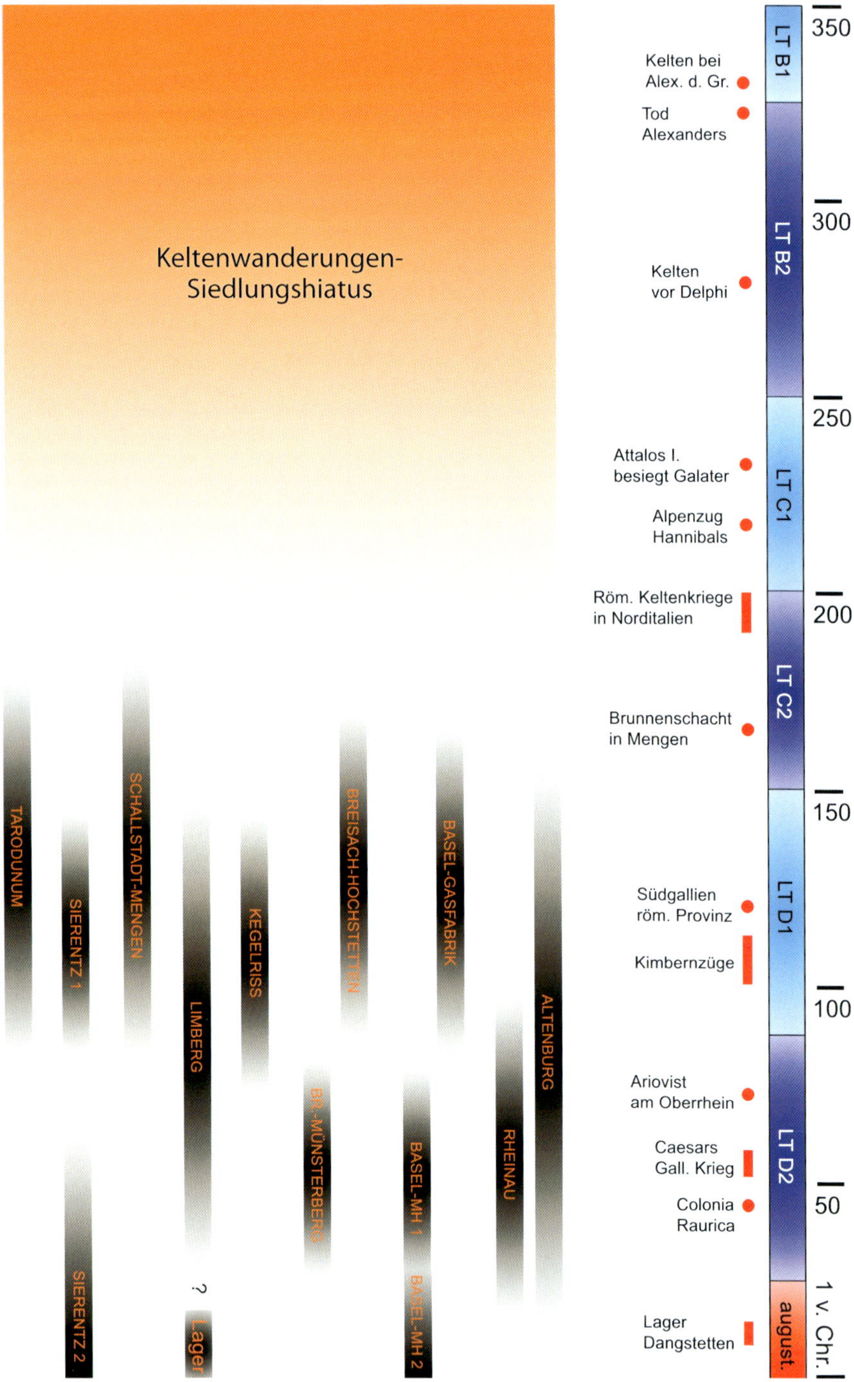

Keltenwanderungen-
Siedlungshiatus
350
300
250
200
150
100
50
1 v. Chr.
LT B1
LT B2
LT C1
LT C2
LT D1
LT D2
august.
Kelten bei Alex. d. Gr.
Tod Alexanders
Kelten vor Delphi
Attalos I. besiegt Galater
Alpenzug Hannibals
Röm. Keltenkriege in Norditalien
Brunnenschacht in Mengen
Südgallien röm. Provinz
Kimbernzüge
Ariovist am Oberrhein
Caesars Gall. Krieg
Colonia Raurica
Lager Dangstetten
TARODUNUM
SIERENTZ 1
SIERENTZ 2
SCHALLSTADT-MENGEN
LIMBERG
?
Lager
KEGELRISS
BR.-MÜNSTERBERG
BREISACH-HOCHSTETTEN
BASEL-GASFABRIK
BASEL-MH 1
BASEL-MH 2
RHEINAU
ALTENBURG

Was gehen uns die Kelten an?

VON CHRISTOPH HUTH

Haben Menschen, die vor über 2000 Jahren an Hoch- und Oberrhein lebten, also noch vor den Römern und ganz in urgeschichtlicher Zeit, für uns irgendeine Bedeutung? Welche Spuren haben sie hinterlassen, und was ist davon heute noch sichtbar? Und was, wenn überhaupt, können wir aus der Beschäftigung mit den Kelten Sinnvolles lernen?

Über die Bodendenkmäler und Funde aus keltischer Vergangenheit wissen oft nur einschlägig Gebildete Bescheid. Und dennoch sind die Kelten auch in unserem Alltag zugegen, mehr jedenfalls, als man vielleicht meinen möchte. Zum Beispiel in Form von Straßennamen. Ein Blick ins Postleitzahlenverzeichnis zeigt, dass beinahe jede sechste Gemeinde in Baden-Württemberg einen Keltenweg oder eine Keltenstraße aufzuweisen hat. Zahlreicher sind nur die Alemannenwege (in jeder fünften Kommune) und natürlich die Römerstraßen (in jeder dritten Gemeinde). Häufig werden solche Straßennamen infolge von archäologischen Untersuchungen in Neubaugebieten vergeben. In jedem Falle ist aber Keltenweg, Keltenstraße, Am Keltengrab oder Am Keltenbuck eine gute, positiv besetzte Adresse. Straßennamen aus älterer Vorgeschichte gibt es dagegen nur selten. Das liegt vor allem daran, dass aus vorkeltischer Vergangenheit keine Volks- oder Stammesnamen überliefert sind. Immerhin existieren noch ein paar Hallstattstraßen (in jeder hundertzwanzigsten Gemeinde), aber nur ein einziger Steinzeitweg (und zwar in Heidelberg; ein weiterer außerdem im bayerischen Memmelsdorf). Steinzeitweg klingt schon längst nicht mehr so gut wie Keltengasse, und nicht von ungefähr gibt es bundesweit keine einzige Neandertalerstraße. Wer wollte unter einer solchen Anschrift auch wohnen? Die Popularität der Kelten zeigt sich auch durch die Seltenheit der Germanenstraßen, von denen es nur ganz wenige gibt. Das hat zwei Gründe: einerseits wurden die Germanen durch die völkische Propaganda der Nazis nachhaltig diskreditiert (was die Germanen natürlich nicht verdient haben), andererseits hält man sich lieber an spezifischere Bezeichnungen, in Baden-Württemberg an die Alemannen, in Bayern an die Baiuwaren. Raurikerweg, nach einem historisch bezeugten Keltenstamm am Rheinknie, gibt es indes nur einen einzigen. Das wiederum zeigt, dass es speziell ‚die Kelten' sind, die unsere Sympathien genießen.

Viel zur Beliebtheit der Kelten tragen die Abenteuer von Asterix, dem Gallier, bei, schon der Kunstform Comic nach echte Pop Art, also Populärkultur. Ohne Frage sind es die außerordentliche zeichnerische und erzählerische Qualität, die Vielzahl und Vielschichtigkeit der Anspielungen und Zitate, in nicht geringem Maße auch die Abwesenheit jeglicher *political correctness* (besonders in den Geschichten über die Nachbarn der Gallier: Asterix bei den Briten, Goten, Belgiern, Korsen usw.) und schließlich die lebensnahen Themen, die die Geschichten so lustig und ihre Helden, die Gallier, so sympathisch machen. Eine Gesamtauflage von 300 Millionen Bänden weltweit spricht für sich. Indes rührt das wohlmeinende Mitgefühl, das wir mit den

Galliern haben, in erster Linie aus ihrer unterlegenen (wiewohl unbeirrten) Haltung gegen einen übermächtigen Gegner. Vordergründig sind das die Römer, in Wahrheit aber wird kein Kampf gegen die Besetzer ausgetragen, sondern der Kampf einer traditionellen Gesellschaft gegen eine moderne Gesellschaft, um nicht zu sagen, gegen die Moderne: auf der einen Seite stehen die Gallier (Kelten): traditionell, kleinbürgerlich, in überschaubaren Gemeinschaften lebend (jeder kennt jeden), chaotisch, provinziell und ungebildet, individualistisch, sinnenfroh und lebenslustig. Man streitet und prügelt sich und verträgt sich am Ende doch. Auf der anderen Seite die Römer: modern, mondän, urban, diszipliniert, weltläufig und intellektuell, mehr dekadent als sinnenfroh, hochgradig organisiert, rational und unpersönlich (aber halt auch erfolgreich). Diese Konfliktkonstellation machte Asterix in den 1960er und 70er Jahren so populär, denn sie entsprach den gesellschaftlichen Auseinandersetzungen der Zeit. Der vielfach beklagte Qualitätsverlust der späteren Bände hat nicht nur mit dem Tod des genialen Texters René Goscinny im Jahr 1979 zu tun, sondern damit, dass das Grundthema der Geschichten an gesellschaftlicher Bedeutung verloren hatte. Von allen Ländern hat Deutschland die höchsten Verkaufszahlen aufzuweisen, seit 1965 weit über 60 Millionen Bände, mehr als das Ursprungsland Frankreich. Das nimmt nicht wunder, ist doch der genannte Konflikt in Deutschland mit besonderer Heftigkeit ausgetragen worden. Er entspricht in gewisser Weise auch dem Spannungsverhältnis zwischen den Regionen (Ländern) und dem Gesamtstaat (Bund). Wohl deshalb sind die Mundartausgaben der Asterixgeschichten hierzulande so populär, zumal in Deutschland Provinz durchaus positiv besetzt ist und demgemäß in der Werbung vermarktet wird („Wir können alles. Außer Hochdeutsch"). Umgekehrt leiden die Germanen eher (und besonders im Gegensatz zu den Kelten) unter der Gleichsetzung mit einem zentralen und autoritären Regime, ganz im Sinne der Staatsgewalt, die die Germanen vor Zeiten propagandistisch missbrauchte.

Die Abenteuer von Asterix, dem Gallier, sind für viele die häufigste (und sicherlich beinahe immer die erste) Berührung mit der Welt der Kelten. Während aber im Comic das gallische Idyll vielfach durch ironische Brechungen relativiert wird, ist die vermeintlich heile Welt der Kelten auch Gegenstand allerlei esoterischer Sehnsüchte, augenscheinlich völlig kritiklos vorgetragen und ungeniert von jeglichem wissenschaftlich fundierten Wissen, das über die Kelten und ihre Lebenswelt existiert. Gerade in den letzten dreißig Jahren erblühte europaweit eine pseudofolkloristische Keltomanie ungekannten Ausmaßes, und das um so stärker, je mehr die Auseinandersetzung zwischen Tradition und Moderne in Form einer Postmoderne als überwunden geglaubt wurde und fortan nicht mehr Gegenstand des politischen Diskurses war.

Die Konfliktsituation ist natürlich immer noch vorhanden, nur wird sie unpolitischer als zuvor ausgetragen, nicht zuletzt in Form einer florierenden esoterischen Subkultur. Esoterik ist immer zivilisationskritisch und sehr oft mit individuellen oder kollektiven Heilserwartungen verbunden. Sie ist eine dezidierte Abkehr von einer aufgeklärten, rationalistischen, intellektuellen und konfliktfreudigen Denkweise, die objektiviert, differenziert und diversifiziert und damit die Dinge oft auch verkompliziert. Esoterik ist Innenschau, subjektiv, antiintellektuell, Glaubens- oder Gefühlssache, ganzheitlich, harmonisch und vereinfachend. Anstelle des scharfsinnigen Diskurses tritt das schlichte Empfinden, verunsichernde Skepsis wird durch das tröstliche Erfahren von Wahrheiten ersetzt. Esoterik scheut überprüfbares (und damit gegebenenfalls auch widerlegbares) Wissen. Deshalb eignen sich urgeschichtliche Kulturen als Projektionsfläche esoterischer Wunschvorstellungen in besonderem Maße. Nun sollte man meinen, dass gerade die früheste Menschheitsgeschichte ein reich bestelltes Terrain der Esoterik wäre, zumal man um so weniger weiß, je weiter man in die Vergangenheit zurückgeht. Das ist aber nur bedingt so. Beliebt sind lediglich die ersten Bauernkulturen als Wiege unserer Zivilisation, im unerschütterlichen Glauben an ein Matriarchat als ursprüngliche Gesellschaftsform, und außerdem die Megalithkulturen, wohl wegen der imposanten und besonders archaisch wirkenden Denkmäler. Die Bronzezeit ist eher das Gefilde der Sternendeuter und Hobbyastronomen, die ältere Eisenzeit (Hallstattzeit) spielt esoterisch so gut wie überhaupt keine Rolle. Ganz anders die jüngere Eisenzeit. Die Welt der Kelten ist die große Domäne aller urgeschichtlich fixierten Esoteriker. Warum aber ausgerechnet die Kelten? Zum einen kennt man ihren Namen. Das ist sicherlich hilfreich und bringt uns die Kelten näher als anonyme Kulturen aus vorangehender Zeit. Zum anderen weiß man über die Kelten relativ viel, aber immer noch wenig genug, um der Phantasie genügend Raum zu lassen. Und drittens spiegelt sich in der Konstellation urgeschichtliche Kelten – hochzivilisierte Gegenwart das Gegensatzpaar Esoterik – Wissenschaft bestens wieder; heimelige Geborgenheit und Sicherheit hier, rationale Kälte und Zweifel dort, ganz so wie das in ähnlicher Form auch in den Asterixgeschichten thematisiert wird, nur eben ironisch und im Spannungsfeld zwischen Galliern und Römern. Esoterische Subkultur lässt sich außerdem gut mit keltischer Subversion verbinden, und dies keineswegs nur zu Zeiten Caesars. Auch die an die Randgebiete Europas gedrängten Kelten der Gegenwart – vermeintlich unterdrückt von Staatsgebilden wie dem Vereinigten Königreich und der Grande Nation – genießen alle Sympathien sich gesellschaftlich marginalisiert fühlender, zivilisationsmüder Esoteriker. Einem Archäologen darf das alles nicht egal sein, ist er doch selbst darum bemüht, ein Bild der keltischen Vergangenheit zu zeichnen, das eine gewisse Richtigkeit für sich beansprucht. Esoterik kurzerhand als Humbug abzutun, ist Wasser auf die Mühlen der Abergläubigen und trägt kaum zur Glaubwürdigkeit der Archäologie bei.

Asterix als Sympathieträger der Kelten für die Sache der Archäologie einzuspannen, ist legitim. Darauf hinzuweisen, dass viele Dinge in diesen Geschichten historisch und archäologisch richtig sind, ist allenfalls humorlos. Und schließlich möchte ein Eigenheimbesitzer doch wissen, warum es eine feine Sache ist, am Keltenweg zu residieren, eine triviale aber, am Amsel-, Primel- oder Fichtenweg zu wohnen.

Wer sind die Kelten?

Nicht selten, wenn man sich einer Sache wissenschaftlich nähert, verfliegen lieb gewonnene Wahrheiten und fest gefügte Bilder augenblicklich. So ist es auch mit der Frage, wer die Kelten eigentlich sind. Sind es die Menschen, die die Römer so bezeichneten oder nur diejenigen, die sich selber Kelten nannten? Die Leute, die keltisch sprachen oder es noch tun? Die Schöpfer einer gewissen Sachkultur und eines bestimmten Kunststiles, von den Archäologen als „Latènekultur" bezeichnet (nach einem Fundort am Neuenburger See)? Die irische Kunst und Sakralkultur des ersten Jahrtausends n.Chr.? Ein schon in der Antike erkannter und (Esoteriker aufgemerkt!) heute noch gepflegter individualistischer, zur Unabhängigkeit drängender Lebensstil? Die rezenten Bretonen, Waliser, Gälen, Schotten und Kornischen? Alle und alles miteinander? Kurzum: *die* Kelten gibt es gar nicht, und wenn von Kelten irgendwo die Rede ist, dann ist zuallererst zu fragen, wer damit gemeint sein soll und welche Kriterien den so Bezeichneten zugrunde liegen.

Über die urgeschichtlichen Kelten der letzten fünf Jahrhunderte vor der Zeitenwende berichten drei verschiedene Quellengattungen, nämlich historische Berichte, Sprachzeugnisse und archäologische Funde. Um es gleich vorwegzunehmen: jede Quellengattung erzählt eine andere Geschichte, und in den Fällen, wo sie über die gleichen Dinge sprechen, lassen sie sich oft nicht miteinander in Einklang bringen. Das ist schon in der Frage nach dem Verbreitungsgebiet der Kelten so, das sich je nachdem, welche Quelle herangezogen wird, ganz verschieden darstellt. Allerdings kann keine Quellengattung das Primat über die anderen für sich beanspruchen. Es ist ganz allein an uns, aus den unterschiedlichen und mitunter widersprüchlichen Informationen ein historisches Bild zu formen. Dabei ergibt sich die Geschichte keineswegs einfach aus den zusammengetragenen Fakten. Sie ist immer ein Konstrukt voller Deutungen.

Das ging auch den antiken Geschichtsschreibern so. Die ersten spärlichen Nachrichten über die Kelten gehen in das 5. Jh. v. Chr. zurück und zeigen deutlich, dass man mehr ahnte als wusste, worüber man schrieb. Hekataios und Herodot erwähnen die Kelten (Keltoi), wobei man bedenken muss, dass „die Kelten“ als eines der vier barbarischen Nachbarvölker der antiken mediterranen Hochkulturen galten (neben den Skythen, Libyern und Indern) und entsprechend undifferenziert betrachtet wurden. Ob die so Bezeichneten sich auch als Kelten sahen, sei dahingestellt. Angeblich charakteristische Eigenschaften der Kelten wie Furchtlosigkeit und Trunksucht tauchen schon früh bei den antiken Autoren auf, beides bis auf den heutigen Tag lieb gewonnene, wohlgehütete und offensichtlich unverwüstliche Wahrheiten im immer wieder aufs Neue konstruierten Keltenbild allerorten. Zu den wichtigsten Autoren gehören in jüngerer Zeit Polybios, Poseidonios, Livius, Strabo und natürlich Caesar. Dessen Berichte über den gallischen Krieg, geschrieben nicht als ethnographische Feldstudie, sondern als politische Rechtfertigung seiner Machtansprüche in Rom, nennen für Gallien die Belgae, Aquitani und Celtae, die fortan zusammengenommen einheitlich als Gallier bezeichnet werden, und als Nachbarn jenseits des Rheins erstmalig im antiken Schrifttum überhaupt die Germanen. So verschieden die Anlässe und Absichten der antiken Schriftsteller, über „die Kelten“ zu berichten auch waren, gemeinsam ist ihnen die Sicht von außen und das adressierte Publikum zu Hause, das aus den Berichten wohlbeabsichtigte Lehren ziehen sollte. Selbstzeugnisse der Kelten gibt es aus urgeschichtlicher Zeit dagegen nicht.

Weil von den urgeschichtlichen Kelten fast niemand schreiben und lesen konnte (was durchaus bezeichnend ist), sind Inschriften aus jener Zeit überaus selten. Sprachwissenschaftliche Forschungen stützen sich hauptsächlich auf überlieferte topographische Namen. Prominente Beispiele aus der Region sind Zarten (keltisch *Tarodunum*, überliefert bei Ptolemaios) und Breisach (*Bri-siac*, wörtlich: Wasserbrecher). Mitunter lassen sich historisch bekannte Ortsnamen entsprechenden Siedlungen nicht mit hinlänglicher Sicherheit zuweisen (so etwa *Alkimoennis* dem *oppidum* auf dem Michelsberg bei Kelheim), während für die größte keltische Ansiedlung in Süddeutschland, dem *oppidum* bei Manching nahe Ingolstadt, partout kein antiker Name bezeugt ist. Auch der Name für das *oppidum* von Altenburg ist unbekannt. Der einzige namentlich überlieferte Stamm aus der Region sind die Rauriker, die nach 58 v. Chr. durch Caesar am Rheinknie angesiedelt wurden. Wie weit sich ihr Territorium erstreckte, bleibt allerdings Spekulation, weil sich die Rauriker in ihrer Sachkultur nicht von ihren Nachbarn unterschieden. Irgendwelche näheren historischen Auskünfte über die Rauriker gibt es ohnehin nicht.

Die wichtigste (deshalb aber nicht richtigste) Quelle zu den urgeschichtlichen Kelten sind gewiss die archäologischen Funde, um die es in diesem Buch vornehmlich geht. Freilich lässt sich auch aus der materiellen Überlieferung Geschichte nicht einfach ablesen. Das hat vielerlei Gründe. Zum einen müssen sich die dinglichen Hinterlassenschaften erhalten haben, und das ist in der Regel nur für unvergängliche Materialien der Fall (Stein, Keramik, außerdem auch Metall, Glas und Bernstein). Gegenstände aus organischer Substanz (Holz, Textilien, Leder, Bast usw.) sind dagegen, von Ausnahmen abgesehen, unwiederbringlich verloren gegangen. Schon deshalb ist die archäologische Überlieferung nur ein kleiner Ausschnitt aus dem ursprünglich vorhandenen Sachbesitz. Zum anderen müssen die Dinge erst einmal gefunden und als archäologisches Fundgut erkannt werden. Das ist keineswegs so einfach, handelt es sich doch bei vielen Funden um höchst unscheinbare Gegenstände.
Führen schon die natürlichen Überlieferungsbedingungen zu erheblichen Quellenverlusten, so erst recht das Handeln des Menschen. Archäologische Hinterlassenschaften werden nach Siedlungs-, Grab- und Schatzfunden eingeteilt, wobei jede Quellengattung ihren eigenen Aussagewert besitzt. Von den Siedlungen findet man allenfalls Spuren der Hausgrundrisse (in urgeschichtlicher Zeit lediglich Bodenverfärbungen durch verfaulte Hauspfosten, weil ausschließlich in Holz gebaut wurde), mitunter Gräben und Wälle als Reste von Befestigungen (oft noch sichtbar im Gelände erhalten) und schließlich vor allen Dingen Abfall. Wurde eine Siedlung aufgegeben, weil man fortzog, nahm man alles Brauchbare mit; wurde eine Siedlung erobert, plünderten die Angreifer alles Wertvolle. Übrig blieb der Müll, der seinerseits informativ genug ist. Man bedenke nur, was der Inhalt der Hausmülltonne über den eigenen Lebensstil verrät. Mit den Gräbern verhält es sich gerade umgekehrt. Was man als Beigaben aussuchte und mit ins Grab gab, hing von religiösen Vorstellungen, von rechtlichen Vorschriften, von Traditionen, Sitten und Gebräuchen ab. Die Grabbeigaben sind daher ebenfalls kein repräsentativer Querschnitt des einstigen Sachbesitzes, sondern eine bewusste Auswahl aus den Dingen, die man besaß. Am schwierigsten zu beurteilen sind schließlich die Schatzfunde. Auch hier hat man es mit einer positiven Auswahl als wertvoll erachteter Güter zu tun, wie bei den Gräbern. Indes bleibt der Anlass, warum man etwas im Boden vergrub und es nicht wieder barg, erst einmal herauszufinden. Gründe fürs Vergraben gab es sonder Zahl (Verstecke in Notzeiten, das zeitweilige Aufbewahren von Wertsachen und Rohstoffen, religiös motivierte Weihe- und Opfergaben und vieles andere mehr), nur sind sie den einschlägigen Funden nicht gleich anzusehen.
Der solchermaßen gefilterte Fundstoff erzählt deshalb nur bestimmte Aspekte der Geschichte, und oft ist nicht einmal von vornherein klar, welche. Abfallgruben verraten viel über praktische Dinge des Lebens, aber nichts über Religion, Gesellschaftsordnung oder Kriegswesen. Grabbeigaben können religiöse Vorstellungen reflektieren, aber auch materiellen Besitzstand oder die soziale Ordnung der Gemeinschaft. Schatzfunde mögen aus wirtschaftlichen, ereignisgeschichtlichen oder religiösen Gründen angelegt worden sein. Über viele Dinge aber schweigen die archäologischen Quellen beharrlich, nicht zuletzt auch darüber, wie sich die Leute nannten und in welcher Sprache sie redeten.

Eine Frage des Stils

Woher weiß man dann, welche Funde keltisch sind und welche nicht? Archäologisch gesprochen handelt es sich lediglich um eine gewisse Formensprache, die den

‚keltischen' Gegenständen gemeinsam ist, insbesondere solchen aus Metall. Diese spezifische Art und Weise, den Dingen ein Aussehen zu geben, wurde zum ersten Mal vor 150 Jahren am Fundort La Tène im Schweizer Mittelland erkannt, weshalb man ihr den Namen Latènestil gab. Der Latènestil entstand im frühen 5. Jh. v. Chr. in Mitteleuropa, vermutlich gleichzeitig an verschiedenen Stellen, nämlich im Gebiet zwischen Mittelrhein und Champagne und im Salzburger Raum. Einen entscheidenden Anstoß gaben importierte Gegenstände aus dem Mittelmeerraum, insbesondere etruskisches Bronzegeschirr, dessen Dekor in die einheimische Formensprache übernommen und sogleich zu etwas Eigenständigem fortentwickelt wurde. Der Latènestil ist völlig unverwechselbar und durch runde, fließende Formen (Ranken, Wellen, Wirbel) und das Ineinandergreifen von geometrischen Motiven, Pflanzenornamenten und Tier- oder Menschendarstellungen gekennzeichnet. Typisch ist die Verschmelzung verschiedener Motive zu neuen, vor allem von Tieren und Menschen zu vielgestaltigen Fabelwesen. Die Motive werden oft in einer Art Vexierstil miteinander verwoben, so dass man nicht genau sagen kann, ob man nun einen Menschen, ein Tier, ein Fabelwesen oder lediglich geometrisches Ornament vor sich hat. Klar voneinander abgegrenzte Motive, naturgetreue oder gar idealisierende Darstellungen sind dieser Formensprache völlig fremd. Gerade das Verwobene, Verschlungene und Vermischte scheint Ausdruck einer Vorstellung zu sein, wonach sich alles auf der Welt in stetem Wandel befindet und mal diese und mal jene Erscheinungsform annehmen kann.

Nun sind aber die Schöpfer dieser Sachkultur keineswegs mit einem ‚Keltenvolk' irgendwelcher Art gleichzusetzen. Dagegen spricht schon die rasche Ausbreitung des Latènestils, aber auch das Vorhandensein solcher Funde in Regionen, in denen es keine einschlägigen Sprachzeugnisse oder historische Nachrichten über die Kelten gibt, wie auch umgekehrt in Gebieten, in denen Kelten sprachlich oder historisch bezeugt sind, Funde im Latènestil völlig fehlen können. Dennoch verbirgt sich hinter dem Latènestil weit mehr als nur bare Ornamentik, zumal viele der Motive auch symbolische Bedeutung zu haben scheinen. Man wird daher vermuten dürfen, dass hinter dieser Sachkultur Gruppen stehen, die durch die Verwendung einer allenthalben verstandenen Formensprache eine gemeinsame Sicht der Dinge zum Ausdruck brachten und auf diese Weise eine Kommunikationsgemeinschaft bildeten, ein soziales System, wie es in der Sozialanthropologie heißt. Jedenfalls muss allgemein bekannt gewesen sein, was durch den Latènestil ausgedrückt werden sollte, auch wenn man ansonsten vielleicht ganz verschiedenen Gruppierungen angehörte und sich womöglich gar nicht viel zu sagen hatte. Solche sozialen Systeme können sich aus allen möglichen Bestandteilen zusammensetzen, aus Ethnien und politischen Gefügen ebenso wie aus Kultverbänden und Sprachgemeinschaften.

Obschon es allerlei regionale Sonderausprägungen und Veränderungen des Latènestils über die Zeiten hinweg gibt, bildeten die Schöpfer dieser Formensprache alsbald eine riesige Kulturgemeinschaft in weiten Teilen Europas. Vermutlich war sich der Einzelne dieser Tatsache gar nicht bewusst. Von außen aber, zum Beispiel aus römischer oder griechischer Sicht, musste sich das Bild einer Zusammengehörigkeit geradezu aufdrängen. Indes, ein einheitliches kulturelles Gefüge oder gar politisches Gebilde waren die Träger des Latènestils gerade nicht.

Trotz vielerlei Traditionsketten aus der Hallstattzeit tritt der Latènestil einigermaßen unvermittelt in Erscheinung und bedeutet im Vergleich mit der geradlinig-geometrischen und beinahe ausschließlich anikonischen Formensprache der Hallstattzeit eine radikale Unterbrechung. Man tut deshalb gut daran, die Hallstattzeit nicht als frühkeltisch zu bezeichnen. Freilich ändert sich abgesehen von der Formensprache ansonsten gar nicht so viel. Die frühen ‚keltischen' Gemeinschaften waren – wie eh und je – in erster Linie Bauern, die in Weilern und Dörfern lebten, Ackerfrüchte (Dinkel, Emmer, Lein, Erbse, Linse, Ackerbohne, Schlafmohn) anbauten und Tiere (Rind, Schaf, Ziege, Schwein, Pferd, Huhn, Gans, Ente, Hund) hielten. Sie waren hervorragende Handwerker, wobei aber die meisten Dinge in den bäuerlichen Wirtschaftsbetrieben selbst hergestellt wurden. Aus diesem Grund konnte sich manche technische Neuerung auch nur langsam durchsetzen: etwa die schnell rotierende Töpferscheibe, die die billige und massenhafte Fertigung von Keramikgeschirr erlaubt hätte. Stattdessen galt scheibengedrehte Ware zunächst als Luxusgeschirr, in völliger Verkennung des eigentlichen Zwecks der Erfindung. Spezialisten gab es wohl nur bei Wagenbauern, Metallgießern und Schmieden. Die Ansiedlungen an Hoch- und Oberrhein lassen keine hierarchische Struktur erkennen, beispielsweise Zentralorte mit besonderer Funktion oder sonstwie geartete Anzeichen komplexer gesellschaftlicher Organisationsgefüge. Gräber sind spärlich überliefert, neben Flachgräbern vornehmlich Nachbestattungen in hallstattzeitlichen Grabhügeln. Schatzfunde sind bislang nicht bekannt. In den folgenden Jahrhunderten nimmt der Fundniederschlag sogar noch ab. Man hat das früher mit den so genannten keltischen Wanderungen ab dem 4. Jh. v. Chr. in Verbindung gebracht. Im Zuge dieser Ereignisse siedelten sich keltische Verbände in Oberitalien an, besetzten Rom (387/386 v. Chr.), griffen Delphi an (278 v. Chr.) und erreichten auf ihren Zügen sogar Kleinasien, wo sie im 1. Jh. durch den Apostel Paulus als Galater Erwähnung finden. Indes steht keinesfalls zu erwarten, dass das angestammte Siedlungsgebiet vollständig aufgegeben und menschenleer hinterlassen wurde. Man weiß noch nicht einmal, wie viele Menschen sich auf den Weg gemacht hatten und woher sie genau kamen. Auch der Rückgang der Grabfunde wird kaum die Folge einer Entvölkerung sein. Ab der Mitte des 2. Jh. v. Chr. gibt es nämlich überhaupt keine Gräber mehr, obwohl Siedlungsfunde reichlich vorhanden sind. Man muss daher die Toten in einer Form bestattet haben, die keinerlei archäologisch fassbare Spuren hinterließ und uns deshalb vollkommen unbekannt ist.

Infolge der ‚keltischen Wanderungen' setzt ein grundlegender Wandel der Kulturverhältnisse ein. Womöglich durch Rückkehrer aus dem Mittelmeerraum, in jedem Falle aber durch intensivierte Kontakte mit den antiken Hochkulturen entstehen auch hierzulande komplexere Gemeinschaften. Stadtartige Siedlungen (*oppida*) von beträchtlicher Ausdehnung werden angelegt, regelrechte Handwerkerviertel in den *oppida* bezeugen eine arbeitsteilige Gesellschaft, desgleichen scheibengedrehte Keramik, die sich nun weithin durchsetzt. Erste Formen einer Geldwirtschaft entstehen und hier und da ist auch sporadischer Schriftgebrauch belegt, typischerweise vor allem in Form von Weiheinschriften, also zu religiösen Zwecken und nicht aus wirtschaftlichen oder verwaltungstechnischen Gründen oder gar, um die eigenen Geschichte niederzuschreiben. Das Siedelbild (*oppida*, Höhensiedlungen, große und kleine Ansiedlungen im flachen Gelände, Viereckschanzen als umwehrte Einzelgehöfte) zeigt eine deutliche Abstufung, die auch in den Funden zum Ausdruck kommt. Erstmalig in der Urgeschichte tauchen personifizierte Gottheiten auf, und in manchen *oppida* sind Tempelbauten bezeugt.

In der Spätlatènezeit wird ein bis dahin unbekanntes Zivilisationsniveau erreicht. Der Wandel zur Hochkultur mit umfassender Schriftlichkeit, staatlicher Ordnung und Verwaltung wird aber nicht vollzogen. In der ersten Hälfte des letzten Jahrhunderts v. Chr. findet stattdessen ein markanter Siedlungsrückgang in Süddeutschland statt. Die *oppida* werden verlassen, ohne dass man wirklich wüsste warum. In den antiken Quellen ist vom Auszug der Helvetier die Rede, Ptolemaios spricht von einer „Helvetiereinöde“, die in der Folge entstanden sei.

Die ‚Kelten' der letzten Jahrhunderte vor der Zeitenwende lebten in der Auseinandersetzung zwischen bäuerlich geprägter Urgeschichte und antiker Hochkultur. Aus dem Neben-, Mit- und Gegeneinander entstand sehr bald etwas ganz Besonderes. Vieles wurde von den mediterranen Nachbarn übernommen, das meiste davon verfremdet und zu Eigenem geformt, etliches offenkundig abgelehnt. Dass man sich nicht völlig den Hochkulturen anglich, zeigt, wie viel diese Lebenswelten voneinander trennte und wie schwer der Weg dorthin zu beschreiten war. Mit dem Ausgreifen des Imperium Romanum verschwand der Latènestil dann endgültig. Eine Fortsetzung fand er nur in den Regionen, die die Römer nie besetzten, nämlich in Irland, Schottland und Wales.

Die Kelten und wir

Viel ist von dieser Welt nicht übrig geblieben. Manches davon ist aber noch im Gelände sichtbar, besonders die Siedlungen aus spätkeltischer Zeit. Die nachfolgenden Fundortporträts konzentrieren sich vor allem auf solche Denkmäler, weil sie Geschichte sprichwörtlich sichtbar und erlebbar machen. Archäologische Denkmäler – sichtbare und unsichtbare – sind ein kostbares Gut. Sie sind die einzigen Zeugnisse aus schriftloser Vergangenheit, und das ist der allergrößte Teil der Menschheitsgeschichte. Als endliche, nicht erneuerbare Ressource sind sie ausdrücklich schützenswert. Was einmal zerstört ist, ist für immer verloren.

Die Auseinandersetzung mit den urgeschichtlichen ‚Kelten' lehrt, dass es auch in unserer eigenen Vergangenheit Lebenswelten gab, die von unserer sehr verschieden waren. Die Straßennamen, der Comic, die esoterischen Phantastereien und die wissenschaftliche Literatur zeigen allesamt, dass ‚die Kelten' noch nach über 2000 Jahren unser Interesse finden. Archäologische Forschung erschließt die urgeschichtliche Vergangenheit, Bodendenkmalpflege schützt und bewahrt unser kulturelles Erbe. Was wir aus alledem konstruieren und wie wir das tun, erzählt uns viel über uns selbst und unseren Umgang mit anderen. So sehr wir uns aber damit beschäftigen, vieles aus der Zeit der urgeschichtlichen Kelten wird im Ungefähren bleiben. Vielleicht ist uns das ja ganz recht. Ist schon jemandem aufgefallen, dass das gallische Dorf keinen Namen trägt, die umliegenden Römerlager aber sehr wohl?

Offene „Städte“ – befestigte Höhen

Ein Sonderfall der Siedlungsstruktur im Oberrheingebiet

VON HOLGER WENDLING

Seit dem 2. Jahrhundert v. Chr. kommt es in weiten Teilen Mitteleuropas zu einer auffälligen Bevölkerungskonzentration in wenigen Siedlungen, die über die bis dahin bekannten dörflichen Verhältnisse weit hinausgeht. Zwar ist die Landwirtschaft nach wie vor der grundlegende Wirtschaftsfaktor – ländliche Siedlungen wie Gehöfte, Weiler oder kleinere Dörfer stellen also weiterhin den Großteil der Siedlungsformen – es wird jedoch eine deutliche qualitative Hierarchisierung der menschlichen Niederlassungen fassbar. Aufgrund ihrer Größe, ihrer im Vergleich zu ländlichen Siedlungen beträchtlichen Bevölkerungszahl, der in ihnen ausgeübten handwerklichen und händlerischen Aktivitäten sowie der inneren, oftmals geplant erscheinenden Gliederung der Ansiedlungen werden sie von der archäologischen Forschung als frühstädtische Anlagen interpretiert. Die erkennbaren Urbanisierungstendenzen lassen sich unter anderem auf eine Zunahme der Kontakte mit dem mediterranen Süden, der schon seit Jahrhunderten eine ausgeprägte Stadtkultur aufwies, zurückführen. Anregungen könnten beispielsweise durch heimkehrende keltische Söldner oder durch Handelsbeziehungen vermittelt worden sein und führten zur Gründung erster stadtartiger Orte nördlich der Alpen. Wie dieser Gründungsprozess im Einzelnen ablief, ist bis heute nicht genau geklärt und Gegenstand kontroverser Diskussionen.

In vielen Teilen Mitteleuropas entstanden große, von starken Mauern und Wallanlagen umgebene Ortschaften, so genannte *oppida*. Dieser von Caesar in seinen Berichten über den gallischen Krieg geprägte Begriff umschreibt in der archäologischen Forschung einen Siedlungstyp, der durch eine Kombination verschiedener urbaner Charakteristika und zentralörtlicher Funktionen, wie z. B. die Siedlungsgröße, Befestigungsanlagen, eine gezielte Infrastruktur und Stadtplanung sowie die Anwesenheit spezialisierten Handwerks definiert ist. Auch im südlichen Oberrhein- und im Hochrheingebiet sind befestigte spätkeltische Anlagen bekannt. Jedoch ist nur im Falle des Doppeloppidums von Altenburg-Rheinau (→ s. Bräuning, Altenburg), des ‘Heidengrabens’ bei Kirchzarten (→ s. Dehn, *Tarodunum*) oder des Kegelrisses bei Ehrenstetten (→ s. Dehn, Kegelriß) aufgrund ihrer Größe die Benennung als *Oppidum* gerechtfertigt, auch wenn die Kirchzartener Befestigungsanlage nie fertig gestellt wurde und ihr Innenraum offenbar weitgehend unbesiedelt blieb *(Abb. 1)*. Am Beginn der Stadtentwicklung stehen im Gebiet der heutigen oberrheinischen *Regio* andere Siedlungsformen. Aufgrund der darauf folgenden weiteren Entwicklung des Siedlungswesens und der Siedlungsformen erscheint das Territorium der keltischen Rauriker als Sonderfall, der sich nicht ohne weiteres in das Modell der spätkeltischen ‚Oppidazivilisation‘ einfügen lässt.

Grundlage der mittel- und spätlatènezeitlichen Siedlungslandschaft stellen kleinere Gehöftsiedlungen dar, deren Funktion vor allem dem landwirtschaftlichen Sektor zugeordnet werden kann (→ s. *Abb. 8*). Durch Luftbildprospektion sind zahlreiche viereckige Grabenanlagen nachgewie-

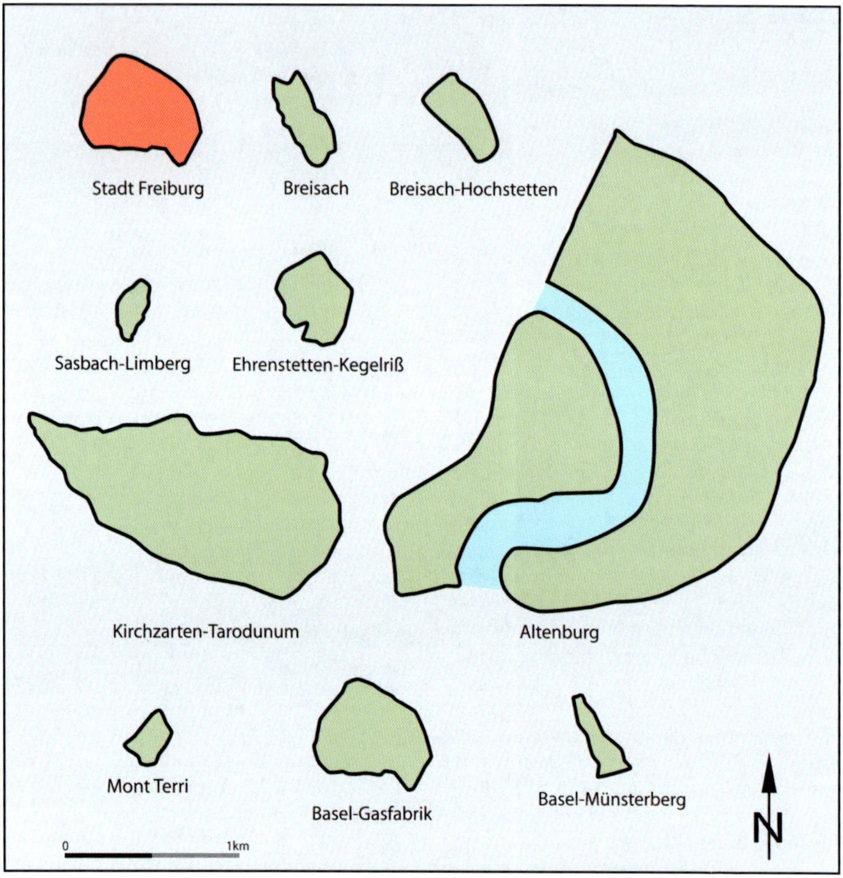

1 Größenvergleich befestigter und unbefestigter spätlatènezeitlicher Siedlungen im Hoch- und Oberrheingebiet sowie der mittelalterlichen Kernstadt Freiburgs.

sen, deren zeitliche Einordnung mangels direkter archäologischer Untersuchungen jedoch problematisch ist *(Abb. 2)*. Jüngst wurde durch die Ausgrabung einer Grabenanlage in Mengen (→ s. Dornheim, Mengen) erstmals im Oberrheingraben der archäologische Nachweis einer solchen ‚Viereckschanze' erbracht. Funde importierter italischer Amphoren zeigen, dass in diesen Gehöften prestigeträchtige mediterrane Güter wie Wein konsumiert wurden. Schlackenreste weisen darauf hin, dass neben der agrarischen Produktion auch Eisenverarbeitung als Wirtschaftsfaktor eine Rolle spielte. Ob dieser Handwerkszweig jedoch über den Eigenbedarf hinaus produzierte, ist fraglich. Möglich ist auch eine nur sporadische Befriedigung akuter Bedürfnisse, die lediglich der Ausbesserung und Reparatur landwirtschaftlicher Geräte diente. Die von Wall und Graben oder von Palisadenwerken umge-

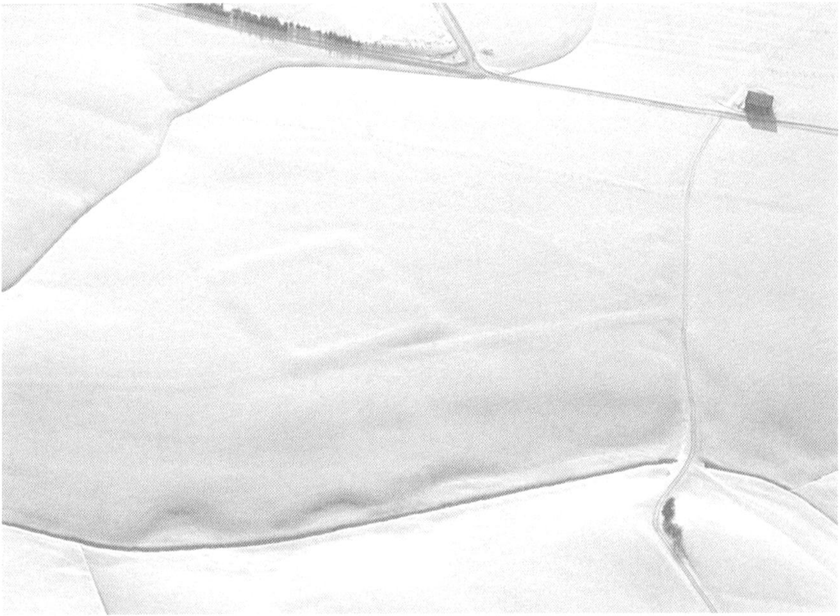

2 Im Luftbild zeichnen sich mögliche spätkeltische Gehöftanlagen wie die Viereckschanze von Mundelfingen, Schwarzwald-Baar-Kreis, im Schnee bei Schräglicht als schwache Bodenerhebungen ab.

benen Gehöfte waren nach Ausweis der Funde und der Berichte antiker Autoren höchstwahrscheinlich Residenzen der lokalen Aristokratie, die ökonomische und politische Macht über das Umland ausübte *(Abb. 3)*.

Am Ende der Stufe Latène C2, d. h. spätestens seit der Mitte des 2. vorchristlichen Jahrhunderts, entstanden großflächige unbefestigte Siedlungen, die sich durch die Präsenz spezialisierter handwerklicher Tätigkeiten und einen regen regionalen und überregionalen Güteraustausch auseichneten (→ s. Burkhardt/Wendling, Handwerk). Münzprägung, die Herstellung von Töpfereiprodukten und Glasarmringen sowie die Verarbeitung von Eisen und Buntmetallen sind in zahlreichen dieser protourbanen Zentren in unterschiedlichem Umfang belegt. Einzelne Siedlungen wie Kirchzarten-*Tarodunum* oder der Kegelriß mögen durch ihre topographische Nähe zu den Erzlagerstätten des Schwarzwaldes sicherlich einen funktionalen Schwerpunkt in der Gewinnung und Verarbeitung von Metallen besessen haben. Die offenen Großsiedlungen entlang der Verkehrsachse des Rheines wie Breisach-Hochstetten (→ s. Wendling, Breisach) oder Basel-Gasfabrik (BS) (→ s. Spichtig, Basel) sammelten als Warenumschlagplätze, sogenannte *emporia*, zudem das Gros südlicher Importgüter an. Über diese Relaisstationen wurden die Importgüter an das agrarische Umland sowie andere Großsiedlungen wie Riegel a. K. (→ s. Dehn, Riegel), Sierentz im Elsass (→ s. Wolf, Sierentz) und in entferntere Regionen, beispielsweise das Gebiet östlich des Schwarzwaldes, weiterverhandelt. Die innere Struktur solch

Caesar (BG VI,30.3) berichtet von der Flucht des adligen Galliers Ambiorix, der in einem wohl seiner eigenen ländlichen Gehöfte vorübergehend Zuflucht fand:

"[Ambiorix' erfolgreiche Flucht] kam so, dass das Gehöft mit Wald umgeben war - so sind fast alle Gehöfte der Gallier gebaut, denn die Gallier lieben es, um die Hitze des Sommers zu vermeiden, sich in der Nähe von Wäldern und Flüssen anzusiedeln -; seine Begleiter und Freunde konnten deshalb an einer Wegenge eine Zeitlang den Angriff unserer Reiter zurückweisen."

3 Caesar erwähnt in seinen *Commentarii de bello Gallico* mehrfach keltische Gehöfte und charakterisiert ihre Bewohner oftmals als Angehörige der einheimischen Elite.

stadtartiger Ansiedlungen lässt ein geregeltes Muster erkennen: Wege und Straßen gliederten die Siedlung, öffentliche Plätze dienten als Markt- und Versammlungsorte, eine regelhafte Ausrichtung der Häuser und Hofareale zeigt Ansätze stadtplanerischer Gestaltung, die eine bewusste Parzellierung der besiedelten Fläche vorsah *(Abb. 4)*. Wer für die Etablierung dieser Wirtschaftszentren verantwortlich zeichnet, ist momentan nicht hinreichend zu klären. Möglicherweise wurden Handwerker und Händler gezielt durch die lokale Aristokratie angeworben und überwacht. Eventuell lag ein Teil der Gewinnabschöpfung in Händen der lokalen Aristokratie, deren Wohnorte wohl in den Gehöften im Umfeld der protourbanen Siedlungen zu finden sind. Eine solche Kontrollfunktion und die Erhebung von Abgaben und Zöllen dürften wichtige Faktoren in der wirtschaftlichen und politischen Machtausübung des keltischen Adels dargestellt haben; eine Tatsache, die auch Caesar in seinen Beschreibungen der keltischen Sozialstrukturen mehrfach betont.

Zu Beginn des 1. Jahrhunderts v. Chr. finden diese unbefestigten Großsiedlungen ein plötzliches Ende und werden – wie die meisten Gehöfte und Viereckschanzen – aufgegeben. Der geplante, jedoch unvollendete Bau einer Befestigung in direkter Nachbarschaft der offenen Siedlung bei Kirchzarten lässt den Schluss zu, dass möglicherweise externer militärischer Druck für das Auflassen der Siedlungen verantwortlich war; daneben sind aber auch innerkeltische Sozialkonflikte oder wirtschaftliche Krisen als potentielle Gründe nicht auszuschließen. Letztlich ist nicht mit monokausalen Erklärungen zu rech-

nen. Viel wahrscheinlicher sind komplexe Kombinationen verschiedenster Ursachen und Gründe, die jedoch meist nur schwer im archäologischen Befund auszumachen sind.
Nach einer kurzzeitigen Unterbrechung der Siedlungsaktivitäten wurde ungefähr seit den 80er Jahren des letzten vorchristlichen Jahrhunderts ein völlig neues Konzept verfolgt. Auffällig ist eine weitgehende Verlagerung der Siedlungstätigkeit auf linksrheinisches Territorium, so dass das heutige südbadische Gebiet bis auf weiteres siedlungsleer blieb. Entlang der Rheinlinie und im westlichen und südlichen Grenzgebiet des raurikischen Territoriums wurden an strategisch bedeutsamen Punkten Höhensiedlungen gegründet und befestigt. Deren Funktion bestand primär in der militärischen Sicherung des Um- und Hinterlandes sowie wichtiger Verkehrs- und Kommunikationsrouten. Daneben lassen sich in zahlreichen dieser Kleinbefestigungen wirtschaftliche Aktivitäten nachweisen, die ihre Rolle als regionale Siedlungszentren belegen. So bezeugt die Herstellung keramischer Vorratsgefäße, sogenannter *Dolien*, und die Produktion von Münzen auf dem Breisacher Münsterberg das wirtschaftliche Potential der ansässigen Bevölkerung oder ihrer Machthaber. Auf dem Basler Münsterhügel (→ s. Deschler-Erb, Basel-Münsterhügel) wurde Metall verarbeitet und vermutlich goss man ebenfalls Münzen. Die in beiden Plätzen zahlreich vorkommenden *Dolien* dienten wohl der Lagerung des landwirtschaftlichen Ertrages des Umlandes, der in Form von Naturalien als Abgaben und ‚Steuern' in den Zentralorten angehäuft wurde *(Abb. 5)*. Zweifellos waren diese Nahrungsvorräte auch als Reserve in Zeiten militärischer Auseinandersetzungen gedacht. Die Vielfalt der in Breisach und Basel gefundenen Importwaren – römische Weinamphoren, mediterranes Luxusgeschirr oder Bronzegefäße – zeigt, dass Handelsgüter gezielt in die oberrheinischen Zentren verbracht

4 Im Zentrum der offenen Großsiedlung von Kirchzarten-*Tarodunum* konnte eine geschotterte Freifläche lokalisiert werden, die möglicherweise als Markt- oder Versammlungsplatz genutzt wurde.

wurden (→ s. Nick, Handel). Deren Lage an wichtigen Verkehrsknotenpunkten und die Kontrolle über Straßen, Wege, Furten und Brücken ermöglichte die genaue Überwachung dieser Handelsaktivitäten; in Form von Zöllen und Abgaben konnte so weiterer wirtschaftlicher Profit erzielt werden. Es scheint in den wenigen Kleinbefestigungen also eine wirtschaftlich und politisch herausragende Bevölkerungsgruppe ansässig gewesen zu sein, die sich archäologisch mit den Herren der älteren ländlichen Gehöftsiedlungen vergleichen lässt bzw. aus dieser aristokratischen Schicht hervorgegangen ist. Offenbar war es den wenigen Potentaten der Kleinbefestigungen möglich, während der Wirren des beginnenden ersten Jahrhunderts v. Chr. politisch-militärische Macht und wirtschaftlichen Einfluss zu konzentrieren und sich gegen Konkurrenten aus den eigenen Reihen durchzusetzen und zu behaupten. Der historische Hintergrund dieser Auseinandersetzungen bleibt allerdings bis heute verborgen: ob und inwiefern die Bevölkerungsbewegungen der sogenannten Kimbernzüge oder das nach Westen gerichtete Vordringen germanischer Stämme

5 Zahlreiche Dolienfragmente aus Basel-Münsterhügel und Breisach-Münsterberg sind einerseits wohl Zeichen einer lokalen Keramikproduktion, andererseits auch Hinweis auf eine effiziente Bevorratung von Getreide und anderen Lebensmitteln.

unter dem ‚Suebenkönig' Ariovist seit den 70er Jahren des ersten vorchristlichen Jahrhunderts eine Rolle spielten, muss hypothetisch bleiben. Während der militärischen Kampagnen des gallischen Krieges fiel den Kleinbefestigungen entlang der Rheinlinie, an der das Vordringen der römischen Truppen nach Osten endete, eine besondere strategische Aufgabe zu. Sie dienten fortan der Sicherung der Grenze des neu gewonnenen römischen Territoriums gegen rechtsrheinische Bedrohung. Diese Aufgabe wurde offenbar nicht von regulärem römischen Militär übernommen, sondern an einheimisch-keltische Verbündete delegiert, die somit durch römische Protektion ihren militärischen und politischen Status aufrechterhalten und weiter ausbauen konnten. Caesar selbst beschreibt in seinen *Commentarii de bello Gallico* mehrfach derartige Freundschafts- und Koalitionsverhältnisse, die einzelnen Individuen als Gegenleistung für die Stellung keltischer Hilfstruppen ein Fortdauern ihres politischen und wirtschaftlichen Einflusses im Dienste der neuen römischen Machthaber versprachen.

Nachdem die römische Macht gefestigt war und um 30 v. Chr. die Neuorganisation der gallischen Provinzen vorgenommen wurde, bestand offenbar keine Notwendigkeit mehr für den Einsatz einheimischer Truppen. Auf dem Basler Münsterhügel folgte der indigenen Siedlung eine römische Militärstation, auf dem Limberg bei Sasbach löste wohl um 20 v. Chr. ein römisches Lager die spätkeltische Befestigung ab, wobei unwahrscheinlich ist, dass diese zu jener Zeit noch besetzt oder in Funktion war. Die Ansiedlung auf dem Breisacher Münsterberg endete um 40/30 v. Chr., ihr folgte keine römische Belegung. Das strategische Konzept Roms hatte sich grundlegend geändert: große Legionslager entstanden in Windisch und Straßburg, Kleinbefestigungen unter einheimischer Kontrolle waren nun unnötig. Sie widersprachen zudem dem römischen Herrschaftsanspruch und wären der zunehmenden Romanisierung der zivilen Provinzbevölkerung eventuell geradezu hinderlich gewesen.

Handwerk und Wirtschaft

von Andreas Burkhardt und Holger Wendling

Die mittlere und späte Latènezeit kann als eine in technischer und wirtschaftlicher Hinsicht bedeutende Periode innovativer Entwicklungen und einschneidender Neuerungen bezeichnet werden. Metallartefakte sind ein selbstverständliches Attribut keltischer Kultur der *Latènezeit*. Die Latènezeit ist durch den eponymen Schweizer Fundort am Neuenburger See zu einem Synonym für den jüngeren Abschnitt der Eisenzeit geworden, die im germanischen Norden Europas als *Vorrömische Eisenzeit* bezeichnet wird.

Eisen, als neuer technologischer Werkstoff, wurde durch die Kelten zu einem Metall, das die weitere kulturelle Entwicklung in Europa bis zur industriellen Revolution der Neuzeit maßgeblich bestimmte. Die massenhafte Herstellung von Töpfereierzeugnissen *(Abb. 6)*, Schmuck, Werkzeugen oder Münzen, die zu Tausenden emittiert wurden, weist darauf hin, dass zahlreiche Bereiche der handwerklichen Produktion von spezialisierten Arbeitskräften ausgeführt wurden. Die Einführung der Münzwirtschaft (→s. Burkhardt, Münzen) und der zunehmende Umlauf von Kleinnominalen für den täglichen Geldverkehr lässt darüber hinaus die Tendenz zu einer marktwirtschaftlich orientierten Ökonomie erkennen.

Grundlage des Wirtschaftssystems war nach wie vor die Nutzung landwirtschaftlicher Ressourcen durch Ackerbau und Viehzucht. Den Hauptbestandteil der Nahrungsmittelpalette stellte Getreide (Weizen, Gerste, Hirse) dar, das in Gruben, Erdkellern, speziellen Speicherbauten oder großen tönernen Vorratsgefäßen, soge-

6 Reste von Keramikgefäßen zählen zu den häufigsten archäologischen Funden; ihre große Zahl – hier Fragmente vom Breisacher Münsterberg – ist Zeichen einer massenhaften Produktion in spezialisierten Handwerksbetrieben.

7 Fragmente von Handdrehmühlen aus Sandstein, mit denen Getreide gemahlen wurde aus Kirchzarten-*Tarodunum*.

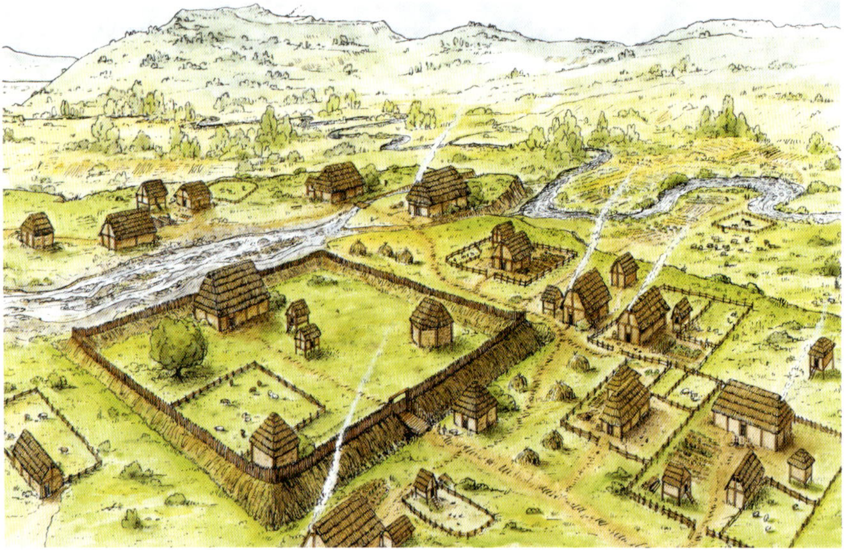

8 Rekonstruktion der Viereckschanze von Bopfingen mit Innenbebauung sowie umgebenden Wohn- und Wirtschaftsgebäuden. Ähnliche landwirtschaftlich ausgerichtete Siedlungseinheiten existierten auch im Ober- und Hochrheingebiet und waren wohl teilweise Residenzen der lokalen Eliten.

nannten *Dolien*, gelagert wurde. Zum Mahlen des Getreides waren drehbare Handmühlen in Betrieb, die, wie Beispiele aus Kirchzarten-*Tarodunum* belegen, aus Sandstein des Schwarzwaldes oder aus sogenannter permischer Brekzie bestehen, die bei Schopfheim abgebaut wurde *(Abb. 7)*. Neben Ackerland nutzte man größere Freiflächen als Gras- und Weideland. Funde eiserner Sensen und Pflugschare belegen effektive Ernte- und Anbaumethoden, die sicherlich auch einer intensiven Tierhaltung zugute kamen. Rinder, Schweine, Schafe und Ziegen dienten je

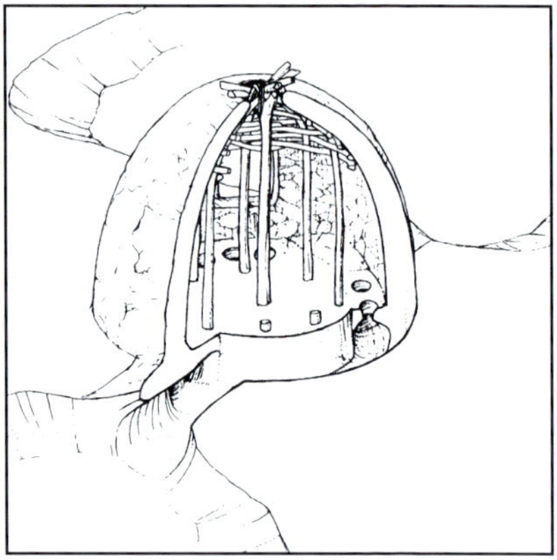

9 Rekonstruktion eines spätlatènezeitlichen Töpferofens. Die senkrechten Holzstützen dienten der Stabilisierung beim Bau der Ofenkuppel und verbrannten bei der ersten Befeuerung des Ofens.

10 Zahlreiche Brennöfen, die in Sissach-Brühl ausgegraben wurden, weisen auf die Existenz regelrechter Töpfereibezirke oder Töpfersiedlungen hin. Die Rekonstruktionszeichnung aus dem Jahr 1938 vermittelt eine mögliche Vorstellung der Aktivitäten in einer solchen Siedlung.

nach Tierart als landwirtschaftliche Nutztiere und als Lieferanten von Fleisch, Milch, Häuten, Wolle, Leder und Fellen. Zentren der agrarischen Produktion waren kleinere ländliche Siedlungen, die sich wohl in großer Zahl über die Landschaft verteilten. Die von einer Palisade, teilweise auch von Wall und Graben umgebenen Gehöfte werden in der archäologischen Forschung als Viereckschanzen oder ‚*fermes indigènes*' bezeichnet *(Abb. 8)*. Sie sind wohl als Sitz der spätkeltischen Landherren anzusehen, deren wirtschaftliches Potential und politische Macht primär auf dem landwirtschaftlichen Ertrag und dem Besitz von Rohstofflagerstätten, wie Tongruben, Steinbrüchen, Raseneisenerzlagern, Bergwerken und der Ausbeutung goldhaltiger Flusssande beruhte.

Der zunehmende Gebrauch der schnell rotierenden Töpferscheibe führte zu einer standardisierten Gefäßherstellung und zur Produktion genormt wirkender Geschirrsätze. Die großen keramischen Stückzahlen wurden in technisch ausgereiften Öfen gebrannt, die einen einheitlichen Aufbau erkennen lassen. Töpferöfen, die in den offenen Großsiedlungen in Riegel a. K. (→ s. Dehn, Riegel), Breisach-Hochstetten (→ s. Wendling, Breisach) oder Basel-Gasfabrik (→ s. Spichtig, BS-Gasfabrik) entdeckt wurden *(Abb. 9)*, zeigen zwei gegenüberliegende Schürlöcher, die in einen runden Heizkanal mündeten. Auf dem massiven Mittelsockel lag die Lochtenne, auf der das keramische Brenngut innerhalb des kuppelförmigen Ofengewölbes gestapelt wurde. Sie sorgte für

11 Fehlbrände – während des Brandes gerissene oder verformte und dadurch unbrauchbar gewordene Gefäße – belegen die Existenz lokaler keramischer Produktion in Kirchzarten-*Tarodunum*.

eine gleichmäßige Verteilung der heißen Brenngase und verhinderte gleichzeitig einen direkten Kontakt der Keramik mit dem offenen Feuer. In der unbefestigten Großsiedlung von Sissach-Brühl belegen zwölf Töpferöfen die Existenz ganzer Ofen-Batterien *(Abb. 10)* und könnten somit für einen handwerklichen Schwerpunkt einzelner Ortschaften sprechen. Auch ohne den Nachweis primärer Produktionsanlagen belegen Fehlbrände die Existenz von Töpfereibetrieben. In den offenen Großsiedlungen in Riegel a. K. und Kirchzarten-*Tarodunum* (→ s. Dehn, Tarodunum) fand sich Ausschussware von Feinkeramik, die während des Brennvorganges aufgrund technischer und materieller Fehler schadhaft wurde *(Abb. 11)*. Auf dem Breisacher Münsterberg wurden – ebenfalls durch einen Fehlbrand nachgewiesen – in der Endphase der Spätlatènezeit große Vorratsgefäße, sogenannte *Dolien* hergestellt, die als keramisches Novum wohl auf Anregungen aus dem Mittelmeerraum zurückgehen *(Abb. 12)*. Sie sind angesichts ihrer technischen Ausführung und der Anforderungen an das handwerkliche Können ein weiteres Zeichen einer stark spezialisierten Produktion.
Die technologisch aufwändigsten und in keltischer Zeit innovativsten Herstellungsverfahren sind in der Metallurgie und der Glasproduktion nachweisbar. Nicht zuletzt beruht die Einzigartigkeit der keltischen Kunst auf der perfekten handwerklichen Herstellung und Bearbeitung von Metallen und deren unterschiedlichen Legierungen. Seit dem 6. Jahrhundert v. Chr. beherrschten die keltischen Handwerker alle geläufigen Techniken der Metallverarbeitung: Schmieden und Härten des Eisens, Gießen und Treiben (Toreutik) von Bronzelegierungen, feinste Verarbeitung von Gold und Silber durch Granulation, Hart- und Weichlöten, sowie Cabochon- und Cloisonné-Techniken (Stein- und Farbeinlagen), um nur die Wichtigsten zu nennen. In keiner anderen historischen Periode Europas wurden neben solch spezialisierten Verarbeitungstechniken auch so verschiedenartige Produktionsverfahren unterschiedlichster Metallsorten bis zur Perfektion praktiziert wie in der Spätlatènezeit: Goldobjekte vom hochkarätigen Feingold (99% Au) bis zu niedrig schmelzenden Dreikomponenten-Legierungen aus Gold-Silber-Kupfer, die dem modernen 333 Gold ähnlich sind, Silberobjekte, die nicht selten einen Feingehalt von Sterlingsilber (980 fein) erreichen und Kupferlegierungen in beliebiger Zusammensetzung mit Zinn, Blei und Antimon. Die typischen Nebenelemente wie Nickel, Kobalt und Arsen in diesen Legierungen weisen auf die Herkunft der Erze aus den reichen polymetallischen Erzgängen im Schwarzwald hin. So wurden auf dem Kegelriß (→ s. Dehn, Kegelriß), der sich in unmittelbarer Nähe von Lagerstätten mit Antimonerzen befindet, nicht nur Bronzemünzen mit Antimongehalt entdeckt, sondern auch Produktionsreste, deren Zusammensetzung mit einigen häufig vorkommenden Münztypen identisch ist. Es muss also von einer Herstellung am Ort ausgegangen werden.
Verarbeitet wurden die Metalle durch Gießen oder Treiben. Dabei besitzen die komplexen Bronzelegierungen durch ihre hohen Konzentrationen von Zinn (Sn), Blei

(Pb) und Antimon (Sb), die gesamthaft immer über 50% betragen, einen sehr niedrigen Schmelzpunkt. Somit ist ein Gießen schon bei wenigen hundert Grad möglich. Zinn und Blei wirken dabei positiv auf das Fließverhalten der weichen Kupferlegierung, die durch das Antimon gehärtet wird. In Kombination dieser drei Elemente (Sn+Pb+Sb) sind die Münzen aus solchen Legierungen zudem so korrosionsresistent, dass sie auch nach über 2000 Jahren Bodenlagerung teilweise noch wie neu aussehen *(Abb. 13)*. Durch den niedrigen Schmelzpunkt wird ein „hohes Energiesparpotential" erreicht und eine einfache Verarbeitung der Legierung möglich. Dies konnte auch durch die Goldprodukte aus Kirchzarten-*Tarodunum* nachgewiesen werden.

12 Fehlbrand eines Doliums vom Breisacher Münsterberg, dessen Mündung durch unsaubere Tonaufbereitung oder schlechte Verarbeitung während des Brennens gerissen ist.

13 Gegossene Leuker Potinmünze mit hohen Anteilen von Zinn, Antimon und Blei aus Altenburg-Jestetten. Erstes Fundstück, bei dem der Eber auf der Rückseite nach rechts dargestellt ist.

Die Gewinnung der Erze durch den Bergbau ist dagegen eine sehr aufwändige Methode, jedoch Voraussetzung für die Bereitstellung der enormen Metallmengen. Bergleute und Metallurgen beherrschten die entscheidenden Produktionsschritte vom Abbau der Erze, über die Verhüttung, bis zur Gewinnung der Rohmetalle und Herstellung der Grundlegierungen. Unzählige Arbeitskräfte mussten zur Verfügung stehen, um die großen Mengen an Silber- und Kupfermetallen zu gewinnen, die in den regionalen Münzstätten verbraucht wurden *(Abb. 14)*. Andere Elemente – wie das Zinn – konnten nur über Fernhandelsverbindungen aus dem Westen (Britannien) oder Osteuropa importiert werden, da sie in den regionalen Lagerstätten nicht vorkommen. Für den Bergbau und die Verhüttung der Erze waren enorme Mengen an Brennholz zur Befeuerung der Öfen notwendig. Holz, der einzige antike Energieträger für Töpferöfen und Erzöfen, war überall vorhanden. Eine flächige Rodung des Breisgaus in großem Stil dürfte daher erstmals mit der Intensivierung der Landwirtschaft, der Ausbeutung der Rohstofflagerstätten und der Massenproduktion von Metallen und Keramiken in keltischer Zeit eingesetzt haben.

Neben Gold, Silber und Kupfer, die in der Regel für die Schmuckherstellung und Münzproduktion verwendet wurden, ist Eisen das keltische Metall schlechthin und im täglichen Leben omnipräsent. Die Kelten haben das „Rennfeuerverfahren“ zur Herstellung von Schmiedeeisen und dessen Aufkohlung zu Stahl so optimiert, dass bis in die frühe Neuzeit ein nicht verbesserungsfähiger Stand dieser Technik

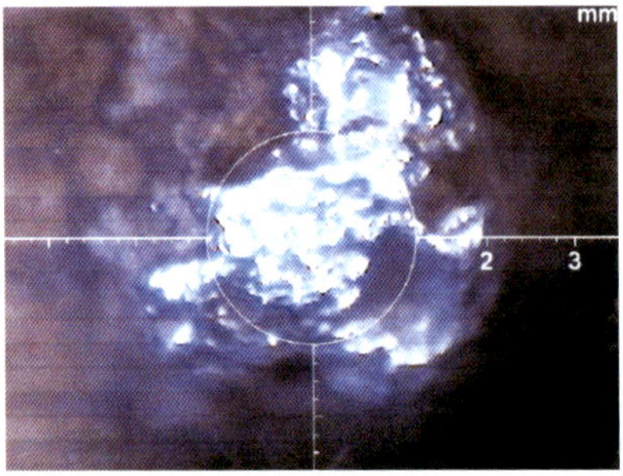

14 Moderne Untersuchungsmethoden liefern neue Erkenntnisse. ED-XRF Analyse durch ein FISCHERSCOPE XRAY-XAN eines Produktionsrestes aus Altenburg-Jestetten mit hohen Silber- und Bleianteilen als ein Indikator für die Verhüttung von Bleiglanz.

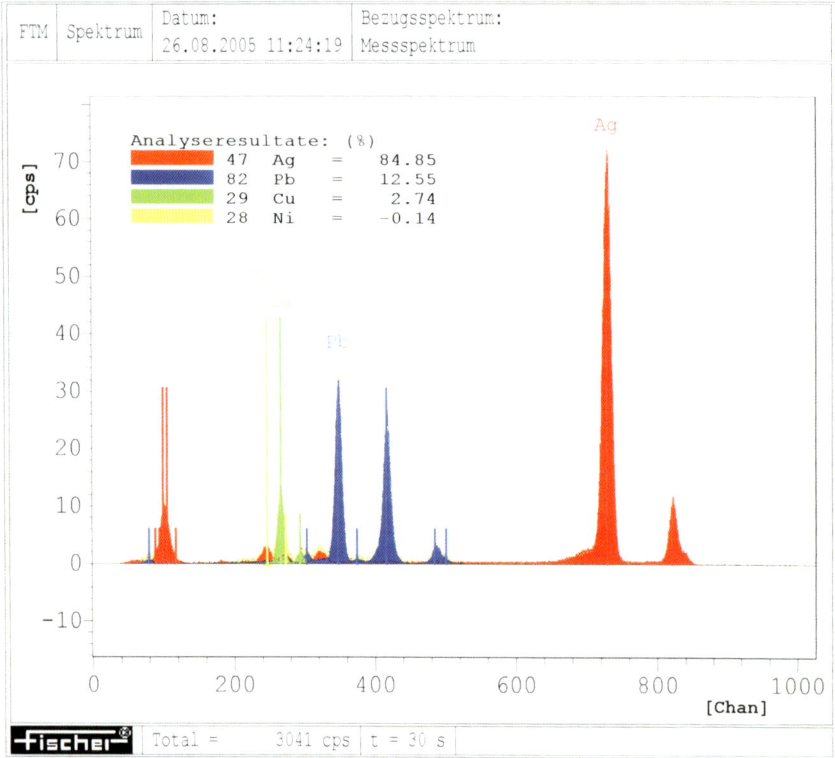

erreicht wurde. Berühmt waren die besonders gehärteten Stähle, die nur für die geschätzten und gefürchteten damaszierten Schwerter verwendet wurden. An zahlreichen Orten ist durch die zurückbleibenden Eisenschlacken in Verbindung mit keltischen Fundobjekten die Eisengewinnung und Verarbeitung belegt *(Abb. 15)*. Das Roheisen wurde in Barrenform weiterverhandelt und zu eisernen Werkzeugen und Gerätschaften ausgeschmiedet. Vor allem Gegenstände des täglichen Bedarfs wie Messer und Nägel, landwirtschaftliche Geräte wie Sensen, Sicheln oder Pflugschare tauchen im archäologischen Fundgut auf. Einen in seinen Dimensionen nicht zu unterschätzenden Sonderfall der Produktion eiserner Waren stellte zweifellos die Herstellung großer Nägel dar *(Abb. 100)*. Sie wurden für die Holzkonstruktionen der spätlatènezeitlichen Befestigungen (*oppida*) von Kirchzarten-*Tarodunum* und Basel-Münsterhügel benötigt. Ein solches Unternehmen war zweifellos sowohl in personeller, technischer als auch logistischer Hinsicht eine immense Herausforderung. Hinweise auf die Anwesenheit von Schmieden finden sich in verschiedener Form im archäologischen Kontext: dazu zählen beispielsweise tönerne Düsenblöcke aus dem schweizerischen Teil des Oppidums von Altenburg-Rheinau (→ s. Bräuning, Altenburg), die als Bestandteile von Schmiede-Essen gedeutet werden. Zahlreiche Werkgruben sind strukturelle Reste einer metallurgischen Werkstatt; die Vielfalt der metallischen Produktionsreste in Altenburg-Jestetten belegt, dass dort in keltischer Zeit eine Münzstätte aktiv war (→ s. Burkhardt, Münzen). Werkabfall in Form von Schmiedeschlacken oder Hammerschlag ist sowohl in den offenen Großsiedlungen, im Gehöft von Schallstadt-Mengen als auch auf dem befestigten Basler Münsterhügel und dem Breisacher Münsterberg belegt. Werkzeug zur Metallverarbeitung findet sich ebenfalls regelhaft in spätlatènezeitlichem Siedlungskontext. Aus Breisach-Hochstetten liegen eiserne Herdschaufeln und Schmiedezangen vor. Aus Kirchzarten-*Tarodunum (Abb. 16)* stammt ein aus einem Hammerkopf und

15 Schlacken sind ein Beleg für die Verhüttung oder Verarbeitung von Eisen.

16 Eisernes Geräteensemble aus Hammerkopf und Blechschere von Kirchzarten-*Tarodunum*. Möglicherweise fanden die Werkzeuge in der Werkstatt eines Bronze- oder Kupferschmiedes Verwendung.

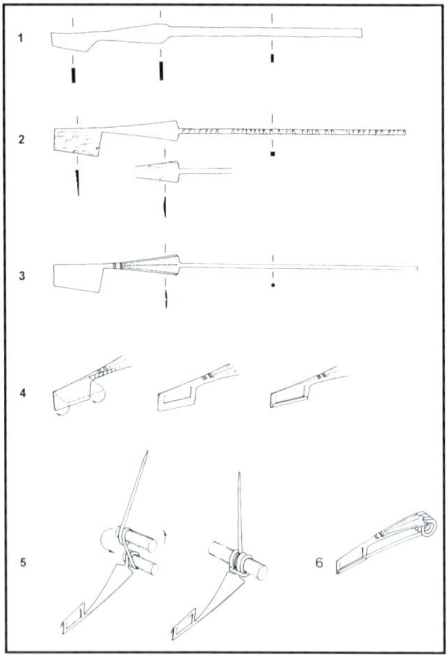

17 Bronzefibeln wurden in großen Stückzahlen geradezu seriell gefertigt. Eine spätlatènezeitliche Fibel vom Typ Nauheim ist mit geringem Aufwand und nur wenigen Arbeitsschritten herzustellen.

18 Ein außergewöhnlicher Fund vom Breisacher Münsterberg: der Inhalt eines Gusstrichters für Potinmünzen (wie vom Kegelriss bekannt) zeigt hier eine Metallzusammensetzung, die Sequaner Münzen mit der Inschrift TOC entspricht und ist Beleg für eine lokale Münzstätte.

einer Blechschere bestehendes Geräteensemble. Letzteres könnte möglicherweise bei der Bearbeitung von Buntmetall in der Werkstatt eines Kupfer- oder Bronzeschmiedes Verwendung gefunden haben. Neben Kesseln und Gefäßen wurden vor allem Schmuckstücke aus Bronze gefertigt; die zahlreich vorkommenden Fibeln belegen, dass hier ein großer Abnehmerkreis versorgt werden musste *(Abb. 17)*. Ihre Herstellung ist auf dem Basler Münsterhügel und wohl auch auf dem Breisacher Münsterberg durch unfertige Stücke, sogenannte Halbfabrikate belegt. An beiden Orten wurden auch Bronzemünzen gegossen: auf dem Basler Münsterhügel die späten TURONOS-CANTORIX-Potintypen aus Zinnbronze und auf dem Breisacher Münsterberg die ebenfalls späten Potinmünzen mit der Inschrift TOC, wie der Fund eines mit diesen Münzen in der Legierung identischen Gusstrichters zeigt *(Abb. 18)*.

Ganz anders und damit auch einzigartig in ihrer Art ist wohl die Goldgewinnung, die an den goldführenden Flussufern – z.B. des Rheins – stattgefunden hat. Das Auswaschen der goldhaltigen Sande, der so genannten Flussgoldseifen, ist jedermann und -frau möglich, auch wenn die weitere Verarbeitung des Goldes allein Spezialisten vorbehalten bleibt. So ist uns durch Diodor von Sizilien eine Textstelle des Geographen Poseidonios (135-51 v. Chr.) zur Goldwäscherei bei den Kelten überliefert:

„In Gallien gibt es viel Gold, das die Natur den Einheimischen ohne Mühsal gewährt. Da der Lauf der Flüsse scharfe Biegungen macht, auf die Hänge der Berge prallt und größere Brocken abreißt, ist das Wasser voll von Goldstaub. Die mit der Gewinnung des Goldes Beschäftigten sammeln die goldhaltige Erde und mahlen

sie oder zerstampfen die Klumpen; mit Wasser waschen sie dann den erdigen Teil aus und geben den Rest zum Schmelzen in die Öfen. Auf diese Weise häufen sie eine große Menge Goldes auf, und nicht nur Frauen benutzen es als Schmuck, sondern auch die Männer…".

Sehr anschaulich ist auch das folgende Textexzerpt, das zeigt, dass selbst die schwächsten Mitglieder der Gesellschaft in die Produktion eingebunden wurden:

„Beispielsweise gibt es ja auch manche Metalle von der Art, dass sie sich nahe der Erdoberfläche finden [Hinweis: und nicht wie Silber und Kupfer im Bergbau gewonnen werden mussten], *zumal in den entferntesten Gegenden der bewohnten Erde* [vom antiken Griechenland aus!] *auch ganz unbedeutende Flüsschen Goldstaub führen und Weiber und kraftlose Männer diesen Goldstaub zusammen mit dem Sand reiben und davon trennen und waschen und dann in einen Schmelztiegel legen, wie das laut Poseidonios, meinem Landsmann, bei den Helvetiern* [!] *geschieht."*

Besondere Beachtung verdient die keltische Glasproduktion. Erstmals in der Geschichte des Glases hat sich die Glasherstellung überhaupt zu einer Massenproduktion entwickelt, die erst in der Römischen Kaiserzeit übertroffen wurde. Wie umfassende Analysen der umfangreichen Funde von über 400 farbigen Ringperlen und Glasarmringfragmenten aus Kirchzarten-*Tarodunum (Abb. 19)* belegen, handelt es sich bei keltischen Glasprodukten immer um Natrium-Gläser, die oft als Sodagläser bezeichnet werden. Durchschnittlich wurden der Glasmasse, die zu 75 % aus Silizium (SiO_2) besteht, rund 15 % Natrium (Na_2CO_3) zugesetzt. Dieselbe Technologie finden wir in der römischen Glasproduktion wieder. Von besonderer Bedeutung ist die gezielte Verwendung von „metallischen Farbpigmenten" zur Färbung der Gläser. Insofern setzt die Glasproduktion technologisch umfangreiche Kenntnisse der metallurgischen Schmelz- und Färbungsprozesse voraus. Kupfer und Arsen färben grün, Mangan und Eisen ergeben rubinrot und Kobalt färbt blau *(Abb. 20)*. Antimon und Zinn entfärben, bzw. hellen die Farbe auf, oder bewirken einen weißopaken Farbton, das sog. Zinnweiß. Dabei spielt Blei wieder eine ganz wichtige Rolle. Blei fällt bei der Silbergewinnung durch die Verhüttung von Bleiglanz als Rückstand in großen Mengen an. Es wur-

19 Farb- und Typenspektrum der in der unbefestigten Großsiedlung Kirchzarten-*Tarodunum* gefundenen Glasprodukte.

20 Ein Produktionsrest aus Kirchzarten-*Tarodunum* mit dem Farbpigment Kobalt ist Hinweis für die Herstellung von Kobalt-Gläsern.

de einerseits als Legierungsbestandteil für die gegossenen Bronzemünzen verwendet, andererseits in Oxidform als Farbpigment für Bleiweiß und vor allem für leuchtendes Bleigelb der Glasmasse zugesetzt. Erst durch die Kombination der verschiedenen Farbpigmente und ihre meisterhafte Verarbeitungstechnik entstehen die leuchtend blauen und rubinroten Gläser mit wundervollen gelb- oder weiß-opaken Mustern und Farbeinlagen. Solche Techniken sind nur von Spezialisten in entsprechenden Werkstattbetrieben durchführbar, wie sie auch in Kirchzarten-*Tarodunum* bestanden haben müssen.

Das Menschen- und Tierbild in der keltischen Kunst

VON ANDREA BRÄUNING

Als Folge von Kontakten mit der griechisch-etruskischen Welt kommt mit der keltischen Kunst in Europa im 5. Jh. v. Chr. ohne erkennbare Vorstufen etwas radikal Neues auf, das die schematisch wirkende Ornamentik der Hallstattzeit (Mitte 8. bis frühes 5. Jh.) ablöst: es entstehen ein neues Formempfinden und eine neue

21 Detailaufnahme der Henkelattasche einer keltischen Schnabelkanne aus dem Fürstengrab vom Kleinaspergle bei Asperg, Kr. Ludwigsburg. Die Form der Schnabelkanne wird von den Kelten übernommen, dagegen wird die im etruskischen übliche Attasche in Form einer Palmette zu einem bärtigen Silen, einem maskenartigen Kopf mit hervortretenden Augen und spitzen Ohren, abgeändert (um 480/450 v. Chr.)

22 Detailaufnahme eines gegossenen frühlatènezeitlichen Bronzearmrings aus einem Frauengrab aus Gündlingen, Kr. Breisgau-Hochschwarzwald. Das im südlichen Oberrheingraben singuläre Stück trägt als Verzierung vier bärtige Männerköpfe, die jeweils paarig gegenständig angeordnet sind.

Formensprache, die im gesamten keltischen Raum gleichartig sind.
Bis zum 5. Jh. v. Chr. überwiegen in Mitteleuropa geometrische Muster; es gibt kaum szenische Darstellungen von Mensch und Tier. Diese kommen erstmals gegen Ende des 6. Jh. v. Chr. vor allem auf Bronzeblecheimern, sog. *Situlen*, vor.
Die Kelten übernehmen keine szenischen Schilderungen – wie sie die griechische Welt kennt –, sondern Mensch und Tier, vor allem Köpfe, werden in einer bisher nicht da gewesenen Art und Weise unnaturalistisch maskenartig oder als Fratze wiedergegeben. Die Kelten setzen so ihre eigenen Vorstellungen in figürliche Werke um. Mediterrane Ornamente wie Palmetten und Lotusblüten werden übernommen und als Symbole ihrer religiösen Vorstellungswelt weiterentwickelt. Die neue Formensprache findet sich nur auf bestimmten und besonderen Gegenständen: auf qualitätvollen Schmuckstücken, Waffen und bestimmten Gefäßen aus Edelmetall und Bronze, die uns vor allem aus den frühkeltischen Fürstengräbern überliefert sind, wie beispielsweise eine Schnabelkanne vom Kleinaspergle mit der Darstellung einer bärtigen Fratze mit hervortretenden Augen *(Abb. 21-22)*.
Im 4. Jahrhundert lösen sich die keltischen Künstler zunehmend von den ursprünglichen Vorbildern. Die Palmetten werden S-förmig und spiralig zu fortlaufenden Wellenranken und punktsymmetrischen Mustern aufgelöst. Vorder- und Hintergrund verschmelzen, so dass eine Art Vexierspiel entsteht.
Diese Entwicklung erlebt im 3. Jahrhundert eine weitere Steigerung: Armbänder, Fußringe und Fibeln werden mit dreidimensionalen S-förmigen, schnecken- oder buckelartigen, plastischen Verzierungen versehen. Menschliche, tierische, pflanzliche und abstrakte Formen verschmelzen miteinander, so dass der heutige Betrachter kaum er-

23 Goldene Hals-, Oberarm- und Beinringe der „Fürstin“ von Waldalgesheim (Kr. Mainz-Bingen, Rheinland-Pfalz) im Rankenstil (um 325 v. Chr.).

kennen kann, ob ein Ornament oder ein Gesicht dargestellt ist. Eine gewollte Mehrdeutigkeit entsteht *(Abb. 23)*.
Vor allem aber in der Spätlatènezeit (Ende 2. und 1. Jh. v. Chr.), in der Zeit der *oppida* und unter dem stärker werdenden römischen Einfluss, blüht das keltische Handwerk wieder auf. Mensch- und Tierdarstellungen werden häufiger und realistischer wiedergegeben als zuvor im Frühlatène.

Die Zeit vor der römischen Okkupation, die Spätlatènezeit

Auch wenn das Fundaufkommen an Kunsterzeugnissen in Süddeutschland aus dieser Zeit insgesamt wenig spektakulär ist, liegen einige herausragende Funde aus den keltischen *oppida* und Siedlungen vor. Aufgrund der geänderten Bestattungssitte, nämlich Beisetzungen in Brandgräbern, sind Grabfunde jetzt in unserer Region äußerst selten. Anders als bei Grabbeigaben und Hortfunden, die absichtlich vergraben wurden, handelt es sich bei den Funden aus Siedlungen um zufällig

24 Die plastische Ausbildung der Buckel des Achsnagels aus der Erms bei Urach gibt Rätsel auf. Handelt es sich um Buckel oder soll es ein Gesicht sein? Wie man den Nagel auch wendet, die Antwort bleibt offen.

25 Hinsichtlich der symmetrisch ausgestalteten Haken links und rechts des Kopfes unterscheidet sich der Achsnagel von Grabenstetten von den beiden anderen. Die dicken nach hinten gekämmten Strähnen werden von einem Band gefasst. Die konisch ausgehöhlten Augen, ähnlich denen der Vogelköpfe von Manching, waren vielleicht ursprünglich mit einer Emaileinlage versehen.

26 Vom Altenburger Achsnagel, ein Neufund aus dem Jahre 2004, ist nur noch das vollplastische bärtige Männerhaupt erhalten. In den Hinterkopf – wie bei einem Achsnagel üblich flach gehalten – wurde der vierkantige Stift aus Eisen eingesetzt. Die nach hinten gekämmten Haarsträhnen werden von einem eingekerbten Band gefasst, das zudem mit einer Punktreihe verziert war. Mund und Schnurrbart werden durch Einkerbungen wiedergegeben. In den eingetieften Augenhöhlen ist noch die Pupille angedeutet.

verlorene Gegenstände, die uns ihre Deutung erschweren.
Aus den *oppida* kennen wir kleine Metallgegenstände wie Achsnägel, plan gearbeitete verzierte Eisenstifte mit Bronzekappen, die als Menschen- oder Tierköpfe gestaltet waren. Die Kappen verhinderten das Abgleiten der Radnaben von den Achsen. Es gibt ferner kleine Tierplastiken aus Bronze, wahrscheinlich Votivgaben, aber vor allem Münzen aus Edelmetall und Bronze mit mannigfaltigen Tierdarstellungen und abstrakten Menschenköpfen.

Figürliche Kunst

Menschendarstellungen

Bei den wenigen Menschenköpfen in Form von Achsnägeln handelt es sich um Unikate. Unmittelbare Gegenstücke fehlen, da die Kelten ihre Bronzen in verlorener Form gegossen haben. Sie stammen alle aus den großen spätkeltischen *oppida*, wie dem Heidengraben bei Grabenstetten in der Nähe von Urach/Südwürttemberg *(Abb. 24-25)*, aus Altenburg am

27 Das Stück vom Donnersberg hat ein breitflächiges, fast rundes Gesicht. Der Schaft schließt nach unten mit einer Bronzezwinge ab. Anstelle des Bandes trägt der Kopf als Bekrönung eine Blattkrone.

Hochrhein *(Abb. 26)* oder vom Donnersberg in der Pfalz *(Abb. 27)*. Ein Paar Achsnägel in Form von Vogelköpfen kommt aus Manching in Bayern *(Abb. 28)*. Diese Achsnägel gehören zu leichten, mit Bronzebeschlägen kunstvoll verzierten zweirädrigen Renn- oder Streitwagen, die Statussymbol der keltischen Führungsschicht waren.

Vergleichbare Metallarbeiten mit menschlichen Köpfen sind – wie die Achsnägel – kein Alltagsgut, sondern ebenfalls Status-

28 Zwei Achsnägel in Form von Vogelköpfen aus Manching. Die beiden Eisenstifte sind vermutlich als Weihegaben an eine unbekannte Gottheit vergraben worden. Mit Koralle und Email wurden Farbakzente gesetzt.

29 Der Kopf des Gürtelhakens von Leipzig-Connewitz zeigt dieselbe Haartracht wie die Achsnägel von Altenburg und Grabenstetten. Um seinen Hals liegt ein Torques.

symbole wie kunstvoll gearbeitete Waffen und Gürtelschließen, deren Enden zu Menschenköpfen ausgebildet sind. Hierzu zählen z.B. der Gürtelhaken von Leipzig-Connewitz *(Abb. 29)* oder die seltenen Schwertgriffe aus Ballyshannen Bay (Irland) und Châtenay-Macheron (Frankreich).
Allen Darstellungen ist die besondere Wiedergabe des Gesichtes gemein: Augen, Mund und Nase sind stark betont, die Ohren hingegen fehlen. Wie bei einigen Achsnägeln werden auch bei den Schwertknäufen die nach hinten gekämmten Haarsträhnen durch ein Band gefasst. Eine Parallele für diese Haartracht findet sich z.B. auf einem kleinen, wohl älteren, Bronzebeschlag aus Manching mit der Darstellung einer keltischen Göttin mit Hathorlocken und Torques.
So scheint es nahe liegend, dass die beschriebenen Gegenstände mythischen oder kultischen Charakter besitzen, ihre „Köpfe" den Träger beschützen und Unheil von ihm abwehren sollen, also apotropäischen Charakter haben.

Tierdarstellungen

Als Bronzefigürchen kennen wir Eber oder Wildschwein, Hirsch, Stier und Widder. Ferner werden auf spätlatènezeitlicher Keramik in seltenen Fällen Tiere *(Abb. 30)* sowie auf Münzen überwiegend Pferde abgebildet.
Unter den Kleinbronzen bilden die Eber mit Abstand die größte Gruppe. Meist werden sie – wie der Eber von Altenburg *(Abb. 31)* – in aggressiver Angriffshaltung mit gesträubten Rückenborsten, die oft überbetont durchbrochen oder dekorativ verziert sind – wie das Beispiel aus Gutenberg aus Liechtenstein – *(Abb. 32)*, und mit Ringelschwanz und konkavem Rüssel dargestellt. Das Auge ist stets hervorgehoben. Weitere Funde von Eberfigürchen, deren Fundumstände jedoch unklar sind, stammen aus Bregenz in Vorarlberg und aus Winterthur in der Schweiz.
Aus Altenburg kommt eine zweite Tierplastik, nämlich die eines kleinen Stierköpfchens *(Abb. 33)*, das wahrscheinlich zu einem Gefäß gehörte. Weitere Stierfigürchen kennt man wiederum vom Brandopferplatz aus Gutenberg sowie aus der näheren Umgebung des auf dem Michelsberg liegenden *oppidums* bei Weltenburg in Niederbayern.
Die Fundumstände, beispielsweise beim Brandopferplatz Gutenberg, weisen die Figuren als Devotionalien oder Votivgaben aus. So können auch die Bronzefigürchen aus Altenburg auf ein bisher unbekanntes Heiligtum hindeuten.

Die zahlreichen keltischen Eberplastiken sprechen für Votivgaben an den Gott Teutates. Vielleicht sollte der Eber aber auch diesen Gott, der von den römischen Schriftstellern als einer der keltischen Hauptgötter überliefert und mit dem Kriegsgott Mars gleichgesetzt worden ist, verkörpern. Der Eber kann aber auch Identifikationstier des Kriegers sein; er erscheint als Helmzier, auf Münzen oder als Schildzeichen, wie die Eberstandarte auf dem Triumphbogen von Orange (Frankreich) zeigt. Einzigartig ist ein Gefäßfragment mit eingeritzter Hirschdarstellung aus Manching. Der Hirsch war dem Gott Cernunnos zugeordnet, und das Pferd dann in römischer Zeit der Göttin Epona.

30 Konstanz. Aus einem spätkeltischen Brunnenschacht am Münsterplatz von Konstanz stammen diese im deutschen Raum einzigartigen Fragmente eines scheibengedrehten Gefäßes mit aufgemaltem Reiterfries. Gut erkennbar der flatternde Helmbusch und ein Teil des Oberkörpers vom Reiter.

31 Votivfigürchen eines Ebers in aggressiver Haltung aus Altenburg.

32 Die kleine Eberstatuette aus Gutenberg-Balzers bei Vaduz mit steil aufragenden verzierten Rückenborsten stammt von einem Brandopferplatz in Liechtenstein.

33 Die Hörner des kleinen Stierkopfes aus Altenburg ragen steil empor und enden in Kugeln.

34 Auf der Vorderseite des Goldstaters aus Riegel erkennt man einen gelockten Kopf, der mit dem ursprünglichen Vorbild des Apolls mit Lorbeerkranz nur noch wenig gemein hat. Auf der Rückseite – ein wenig verprägt – sieht man ein Pferdegespann mit Wagenlenker.

35 Der Silberquinar aus Altenburg zeigt einen stark stilisierten Kriegerkopf mit Helm.

Menschen- und Tierdarstellungen auf Münzen

Menschenköpfe

In der Regel ist auf der Vorderseite einer keltischen Münze ein Kopf und auf der Rückseite ein Tier, meistens ein Pferd, dargestellt.

Die ältesten keltischen Goldmünzen sind in unserer Region Imitationen des griechischen Goldstaters, der auf der Vorderseite den lorbeerbekränzten Kopf des Sonnengottes Apoll zeigt, auf der Rückseite ein Zweigespann, die *Biga* (→ s. Burkhardt, Münzen). Schnell verselbstständigt und entwickelt sich das Münzbild zu einem eigenständigen Kunsterzeugnis, wie die Goldstatere des Münzschatzes aus Riegel zeigen *(Abb. 34)*.

Mit der Imitation römisch-republikanischer Silbermünzen, den Denaren, findet erstmals auch der keltische Kriegerkopf Eingang in die Münzikonographie. Auf den Originalen ist dies der Kopf der Stadtgöttin Roma mit Flügelhelm, die Rückseite zeigt eine Quadriga oder die reitenden Dioskuren (→ s. Burkhardt, Münzen).

Die Kelten verändern auch diese Darstellung. Mehrheitlich tritt nun auf der Vorderseite ein Kopf mit verschiedenen Helmformen bzw. nur mit Haarkranz oder einer Lockenfrisur auf. Zahlreiche Denare mit Köpfen unterschiedlichsten Stilisierungsgrades stammen aus Altenburg *(Abb. 35)*. Nur auf den spätkeltisch-frühaugusteischen Münzen des Basler Münsterhügels (30/20 v. Chr.) finden sich ganz ausgefallene Helmdarstellungen mit den Beischriften wie TOC-TOC *(Abb. 36)* und TURONOS-CANTORIX. Ob damit keltische Krieger, ein Stammesführer oder der Münzherr gemeint ist, kann bis heute nicht eindeutig beantwortet werden.

Die Endung RIX (REX) – man kennt sie vom großen Keltenfürsten Vercingetorix, der in der Schlacht um Alesia 52 v. Chr. von den Römern besiegt wurde – legt die Deutung als keltischen Stammesführer nahe.

Besonders bemerkenswert sind die Darstellungen auf den sog. Remer-Potinmünzen *(Abb. 37)*, wie sie auf dem Kegelriß und in Altenburg vorkommen: Sie zeigen auf der Vorderseite einen laufen-

36 Späte Münze vom Basler Münsterhügel um 30/20 v. Chr. mit ausgefallener Helmdarstellung und der Beischrift TOC-TOC (Umzeichnung).

37 Die Vorderseite einer Remer-Potinmünze vom Kegelriß bei Ehrenstetten zeigt einen laufenden Krieger mit Torques, die Rückseite über dem Tier eine typische Latènefibel (Umzeichnung).

38 Unter den zahlreichen Münzen aus Altenburg fanden sich auch Zürcher Potinmünzen mit der Darstellung eines Steinbocks auf der Vorderseite. Auf der Rückseite sieht man hier vier Torques.

den Krieger mit wehendem, geflochtenen Zopf, der in der linken Hand einen Torques hält und in der rechten Hand eine Lanze oder Fackel. Auf der Rückseite erkennt man über dem fressenden Tier eine typische Latène-Fibel.

TIERE

Als Tierdarstellungen kommen auf Münzen in Ostgallien, wozu die Region um Hoch- und Oberrhein gehört, fast ausschließlich Pferde vor. Seltener zeigen die Münzbilder Stier, Eber, Hirsch, noch seltener Vögel. In West- und Nordgallien – Frankreich und Luxemburg – kommen wiederum Wisent und Löwe hinzu.

Das Pferd *(Abb. 39)* ist das typische Tier der keltischen Gold- und Silbermünzen; es wird mit kugeligen Gelenken dargestellt (→ s. Burkhardt, Münzen).

39 Die Silbermünze aus Altenburg zeigt bereits ein stark stilisiertes, in der Darstellung typisches Pferd mit Kugelgelenken.

40 Auf Silbermünzen ist der Eber nur von den NINNO MAUC-Quinaren bekannt. Unter den Neufunden von Altenburg liegt zum ersten Mal außerhalb der Schweiz ein Exemplar dieser sehr seltenen Münze vor.

Der Eber verkörpert das charakteristische Tier der Leuker-Potinmünzen. Bekannt ist er auch – mit gesträubten Rückenborsten wie bei den Votivfigürchen gezeichnet – von den nach ihrer Beischrift NINNO MAUC bezeichneten silbernen Quinaren *(Abb. 40)*.
Das Bild von Stier und Steinbock wiederum beschränkt sich auf die gegossenen Bronzemünzen, wobei die Tierart nicht immer genau bestimmt werden kann *(Abb. 38)*. Auf der Rückseite der Münzen finden sich vier Torques.
Im gallischen Kerngebiet, also in Frankreich, ist das Abbild des aus der griechischen Mythologie übernommenen geflügelten Pferdes, des Pegasos, auf Münzen sehr beliebt. Als außergewöhnlicher Fund kann ein winziger Silberobol aus der Ausgrabung 2004 aus Kirchzarten-*Tarodunum*

41 Ein winziger Silberobol mit der Darstellung eines Vogelmenschen kommt aus der Grabung 2004 in Kirchzarten-*Tarodunum*. Auch dieses Mischwesen hält in der Hand einen Torques.

mit der Darstellung eines weiteren Mischwesens, eines Vogelmenschen, gelten *(Abb. 41)*. Zu den großen Seltenheiten gehören in unserem Raum auch Abbildungen von Vögeln wie auf dem Unikat einer Goldmünze aus Riegel *(Abb. 42)*.
Greifvögelköpfe hingegen sind ein charakteristisches Münzbild einiger süddeutscher Exemplare, wie wir sie aus Altenburg kennen *(Abb. 43)*.
Die keltische Kunst steht im Zusammenhang mit religiösen oder mythischen Vorstellungen: denn was geschaffen wurde, sind Symbole der Macht und des Kultes.

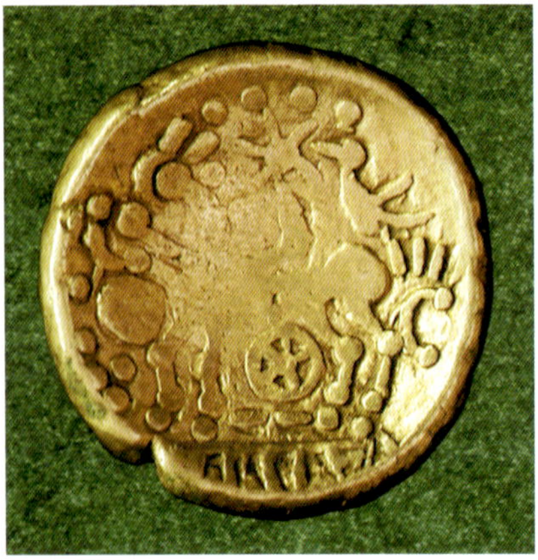

42 Die Goldmünze aus Riegel zeigt die seltene Darstellung eines Vogels, der auf dem Rücken eines Pferdes sitzt.

43 Den Kopf eines Greifvogels zeigt die Goldmünze aus Altenburg.

Dies zeigt sich ebenso im Bildprogramm der Münzbilder wie in der figürlichen Kunst. Es trifft sowohl für die Tierdarstellungen – wie der Eber, der einerseits als Votivgabe, andererseits als Münzbild auftaucht – als auch für die Menschendarstellungen zu. Die „Köpfe“ besitzen besondere Kraft, sollen Unheil abwehren, sind möglicherweise Abbilder von Göttern, oder – wie auf den Münzbildern – Besitzer der weltlichen Macht wie Krieger oder Stammesführer. Dasselbe gilt für die Gegenstände, seien es wirkliche Waffen, Schmuck – real oder im Bild – Lanze, Torques oder die Fibeln und Halsringe auf den Potinmünzen.
Weitere Anhaltspunkte geben uns neben der bildlichen Darstellung auch die Fundumstände und der Fundzusammenhang: befand sich der Gegenstand im Grab, in einem Versteckfund, oder wurde er auf einem Brandopferplatz oder in einem Quellheiligtum niedergelegt, oder stammt er aus einer Siedlung?
Dem zeitgenössischen Betrachter war klar, was mit dem Bild gemeint war. Uns hingegen bleibt in der keltischen Kunst nach wie vor vieles verschlossen. Nicht nur die Mehrdeutigkeit mancher Darstellungen muss offen bleiben. Auch bei scheinbar eindeutigen Motiven wird die Bedeutung unklar bleiben müssen, da wir heutzutage nicht mehr wissen, was abgebildet worden ist. Fratze oder Ornament? Krieger oder Münzherr? Gott oder Tier? In der Spätzeit sind die überlieferten Berichte der Griechen und Römer ein wichtiger Schlüssel zur Deutung, da die Kelten selbst wenig Schriftzeugnisse hinterließen.

Wein gegen Sklaven – Der keltische Handel

von Michael Nick

Die keltischen Großsiedlungen entstanden nicht aus dem „Nichts“. Sie sind lediglich der Endpunkt einer längeren Entwicklung. Mehrere kleinere Siedlungen wurden im Laufe der Zeit zugunsten großer „stadtartiger“ Plätze aufgegeben oder gingen in ihnen auf (→ s. Wendling, Städte). Diese Prozesse sind über weite Teile West- und Mitteleuropas festzustellen. Scheinbar war es notwendig geworden, bestimmte zentrale Funktionen an einem Platz zu konzentrieren. Eine davon war der Fernhandel. Es ist allerdings nicht klar, ob die Entstehung der Großsiedlungen auf das zunehmende Interesse der mediterranen Staaten, insbesondere Roms, am Handel mit den Kelten zurückzuführen ist, oder ob die Großsiedlungen lediglich eine neue Infrastruktur boten, die sich als besonders günstig für den Fernhandel erwies. Jedenfalls betonte der griechische Geograph Strabon die günstigen verkehrsgeographischen Bedingungen Galliens. Er unterstrich die herausragende Stellung der Großsiedlungen als Verteilungszentren und Umschlagplätze in einem gallischen Fernhandelsnetz, denn sie konnten problemlos per Schiff ohne große Landunterbrechungen erreicht werden (Strabon 4, C 177; 188f.). In einer Zeit ohne Autobahnen und Schienennetz waren die Wasserwege für Schwertransporte der einfachste, schnellste und billigste Weg.

Die Region um Ober- und Hochrhein liegt in einem für Fernverkehrswege sehr günstigen Gebiet. Hier treffen sich zwei wichtige Achsen, die beide ihren Ausgangspunkt in der griechischen Handelsstadt Massalia (heute Marseille) nahmen *(Abb. 44)*. Der Weg führte von dort rhoneaufwärts bis zur Höhe der heutigen Stadt Lyon, wo er sich verzweigte. Die eine Route verlief entlang der Rhone zu den westschweizerischen Seen bis an den Hochrhein, die andere über Saône und Doubs durch die Burgundische Pforte an das Rheinknie. Dort befand sich in der Zeit zwischen 150 und 80 v. Chr. ein wichtiger keltischer Umschlagplatz, der heute im Stadtgebiet von Basel („Basel-Gasfabrik“) liegt (→ s. Spichtig, BS-Gasfabrik). Von hier aus konnten die Waren entweder rheinabwärts nach Norden oder nach Osten über den Hochrhein zur nächsten keltischen Großsiedlung in Altenburg (→ s. Bräuning, Altenburg-Rheinau) verschifft werden.

Der Fernhandel orientierte sich in erster Linie am Bedarf der keltischen Oberschicht an Luxusgütern. Neben römischem Geschirr aus Bronze *(Abb. 45)* und Keramik *(Abb. 46-47)*, Glas *(Abb. 48)* und Olivenöl erfreute sich besonders der mediterrane Wein einer großen Beliebtheit bei den keltischen Herren. Dies zeigen zahlreiche Bruchstücke von Weinamphoren aus den keltischen Siedlungen am Oberrhein *(Abb. 49)*. Den Wein ließen sich die römischen Händler teuer bezahlen. Der griechische Philosoph Poseidonios (ca. 135 bis 51/50 v. Chr.) überliefert, dass der Preis für eine Amphore mit einem Fassungsvermögen von ungefähr 26 Litern einen Sklaven betrug: *„Da sie starke Weintrinker sind* [die Gallier], *trinken sie den Wein, der von den Händlern eingeführt wird, ungemischt, und wegen ihrer Trunksucht sprechen sie dem Wein unmäßig zu, und im Rausch schlafen sie dann entweder ein oder geraten in*

Raserei. Deswegen halten viele italische Kaufleute wegen ihrer üblichen Habsucht die Vorliebe der Gallier für den Wein für eine glänzende Verdienstmöglichkeit. Sie fahren mit Schiffen über die schiffbaren Flüsse und mit Wagen über das flache Land und erhalten einen unglaublichen Gegenwert für ihre Ware – wenn sie einen kleinen Krug Wein verkaufen, erhalten sie dafür einen jungen Sklaven und bekommen so anstelle des Trunks einen Mundschenk.“ (überliefert bei Diodor 5, 26, 3) Wahrscheinlich übertreibt Poseidonios in dieser Passage etwas. Was wir aber herauslesen können, ist einerseits, dass für Wein sehr hohe Preise gezahlt wurden, und andererseits, dass der Sklavenhandel nicht unbedeutend gewesen sein muss.

44 Handelswege von Massalia an Ober- und Hochrhein am Ende des 2. Jahrhunderts v. Chr. Wenn möglich, benutzten die Kelten die Flusswege. Punkte: wichtige keltische Siedlungen.

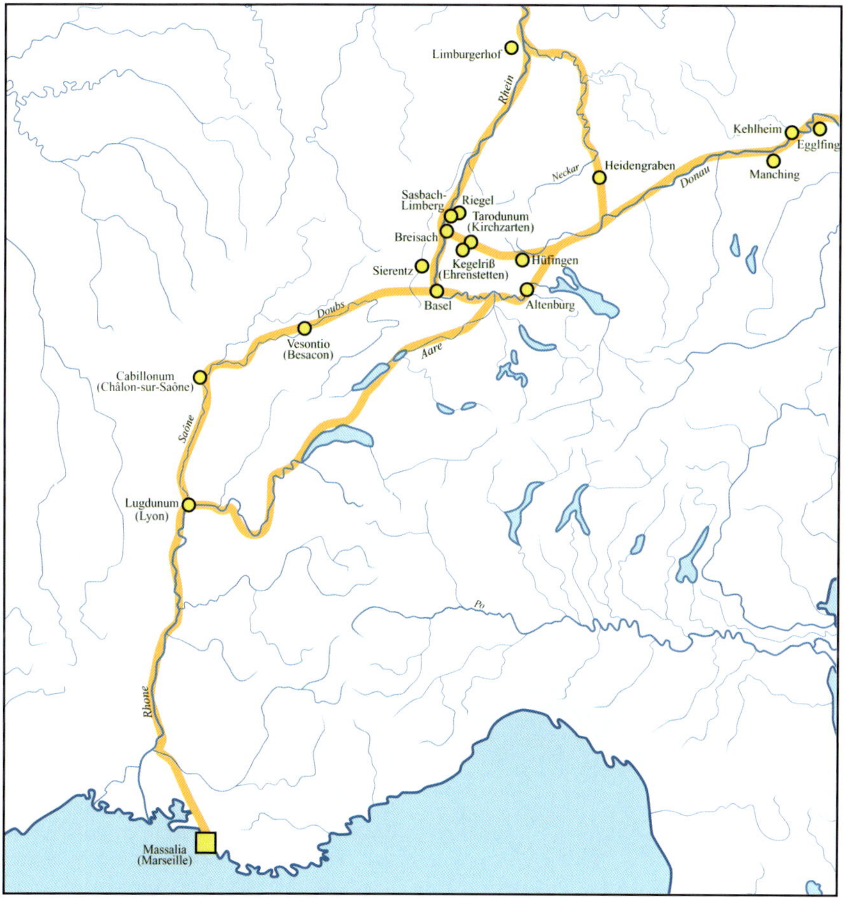

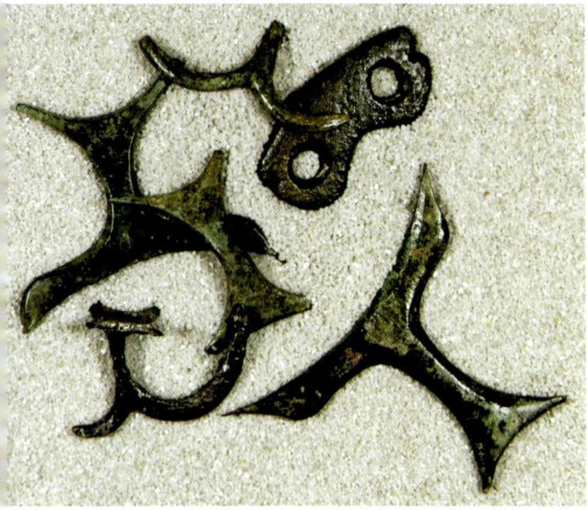

47 Fragment einer sogenannten „calenischen Schale“ aus Breisach-Hochstetten. Diese Feinkeramik mit Relief stammt aus Cales in Kampanien (Italien).

45 Bronzene Henkel und Daumenplatten römischer Siebe sowie Standfuß einer römischen Kanne aus der keltischen Siedlung von Altenburg (zur Rekonstruktion der Siebe siehe Abb. 51).

46 Diese Scherbe aus Breisach-Hochstetten stammt ebenfalls aus Kampanien (Italien). Nach ihrem Herstellungszentrum wird diese schwarze Feinkeramik „Campana“ genannt.

Eine eiserne Handfessel aus Basel-Gasfabrik könnte deshalb ein Hinweis darauf sein, dass auch am Oberrhein Sklaven verhandelt wurden.

Die zahlreichen Amphorenscherben, welche sich in der keltischen Siedlung von Basel-Gasfabrik fanden, könnten sich durch das Umfüllen in leichtere Behältnisse erklären, etwa in Weinschläuche. Dies erlaubte eine Portionierung in „haushaltsübliche“ Mengen für den Verkauf in der Region. Doch trotz der ihnen nachgesagten Trunksucht konsumierten die Kelten am Oberrhein nur einen Teil des dort umgeschlagenen Weines selbst. Der Weitertransport erfolgte rheinaufwärts bis zu der Großsiedlung von Altenburg. Ihre Bedeutung als Umschlagplatz resultierte besonders aus der Lage nur wenig südlich des Rheinfalls bei Schaffhausen *(Abb. 50)*. Denn spätestens hier musste angesichts des bevorstehenden Landweges an die Donau der Wein in leichtere Behältnisse umgefüllt werden. Doch selbst in Bayern finden sich römische Amphorenscherben. Zwar kommen sie nicht in der Masse wie am Oberrhein vor, gleichwohl bedeutet dies, dass nicht sämtlicher Wein umgefüllt worden sein kann. Möglicherweise legten einige zahlungskräftige Kunden, die mut-

maßlich den sozial höher stehenden Schichten angehörten, Wert darauf, „originalverpackten“ Wein zu erhalten. Offenbar sah man einen kausalen Zusammenhang zwischen der versiegelten Amphore und der Qualität der Ware, was wiederum Anlass zu Spekulationen über die kriminelle Energie einiger Händler gibt, deren Habsucht auch in den antiken Quellen zum Ausdruck kommt. Eine andere Erklärungsmöglichkeit wäre, dass man den Wein nach römischer Trinksitte konsumieren wollte. In diese Richtung deuten etwa mitgelieferte römische Weinsiebe *(Abb. 51)* aus Bronze, die sich immer wieder in keltischen Siedlungen finden.
Hohe Preise bezahlten die Kelten auch für römische Zuchtpferde, die größer und schneller waren als die keltischen. Da

48 Die Kelten importierten Rohglas aus dem Mittelmeerraum und verarbeiteten es zu Armringen und Perlen. Abgebildet sind Bruchstücke aus der keltischen Siedlung von Breisach-Hochstetten.

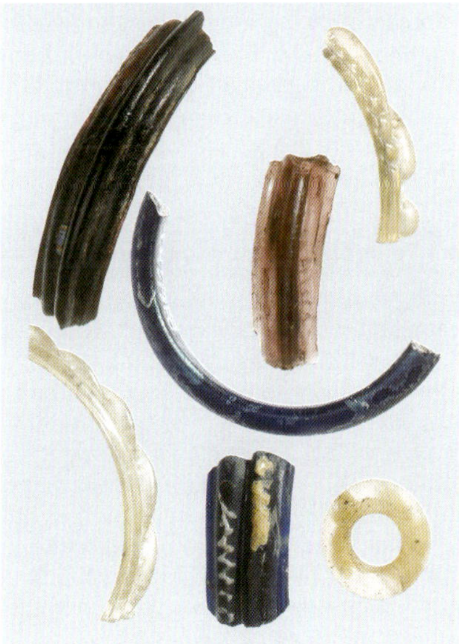

49 Fragmente von Weinamphoren aus den beiden keltischen Siedlungen von Breisach-Hochstetten und Altenburg. In diesen Amphoren kam der Wein vom Mittelmeer in die Region um Ober- und Hochrhein. Die Gefäße besaßen ein Fassungsvermögen von ungefähr 26 Litern.

diese aber im Krieg verwendet werden konnten, gab es hierfür strenge Ausfuhrbestimmungen, sozusagen das erste „Kriegswaffenkontrollgesetz“ der Welt. In der Regel konnten Pferde nur unter bestimmten Bedingungen gekauft werden, etwa wenn der Käufer ein mit Rom befreundeter König oder Stamm war. Unser Wissen hierzu beziehen wir von Caesar (b.g. 4, 2, 2) sowie dem römischen Geschichtsschreiber Livius. Letzterer überliefert, dass dem keltischen König Cincibilus 170 v. Chr. der Pferdekauf in Italien gestattet wurde; und zwar als Wiedergutmachung, nachdem römische Heere Gebiete von Bundesgenossen des Königs verwüstet hatten (Livius 43, 5, 9).
Ein von den römischen Händlern besonders geschätztes Produkt war der so genannte norische Stahl, den man in den österreichischen Alpen herstellte. Er besaß besonders gute Materialeigenschaften, denn er war nicht nur hart, sondern auch elastisch. Ein

50 Die in der Siedlung von Altenburg gefundene Siegelkapsel aus Bronze ist ein Indiz für die Anwesenheit von Römern, die hier Verträge besiegelten. Die Kapsel diente dazu, einen Siegelabdruck zu bewahren und zu schützen. Sie zeigt auf ihrer Vorderseite den römischen Gott Merkur, den Gott der Händler und Diebe; ein Hinweis darauf, dass es sich bei den Römern um Händler gehandelt haben könnte.

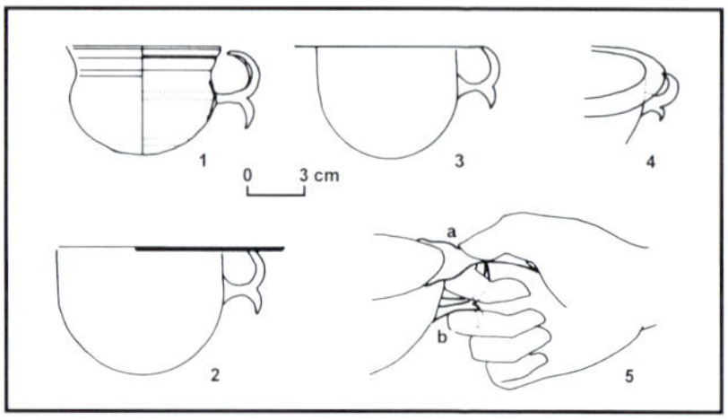

51 Da der Wein gewürzt wurde, waren Siebe unerlässlich für den Genuss des kostbaren Getränks. Die römischen Händler lieferten die Bronzesiebe zum Wein gleich mit. Abgebildet sind verschiedene Rekonstruktionsvorschläge, wie die in den keltischen Siedlungen gefundenen Henkel und Daumenplatten angebracht waren (siehe Abb. 45).

hervorragendes Material, um daraus Schwerter zu schmieden. Wie neuere Ausgrabungen des ehemaligen Landesdenkmalamtes bei Liel, Lkr. Lörrach, gezeigt haben, produzierten die Kelten auch am westlichen Rand des Schwarzwaldes Eisen. Besonders in den Rheinauen finden sich immer wieder Eisenbarren, entweder einzeln oder zu mehreren *(Abb. 52)*. Es ist nicht immer klar, ob es sich hierbei um verlorene Schiffsladungen oder um Deponierungen handelt. Hier in unmittelbarer Nähe des wichtigen Wasserweges geben ihre Fundorte jedenfalls einen direkten Hinweis darauf, dass sie für den Handel bestimmt waren.

Die keltische Siedlung in Basel-Gasfabrik ist aufgrund ihrer Lage an der Kreuzung der Fernverbindungswege am südlichen Oberrhein als der zentrale Anlaufpunkt für die Fernhändler anzusehen. Von hier aus verkaufte man die eingehandelten Waren in das nähere und weitere Umland. Umgekehrt musste hier der Gegenwert für die Bezahlung der Fernhändler konzentriert werden. Sowohl die schriftliche Überlieferung als auch der archäologische Befund zeigen, dass die Römer weniger an keltischem Geld interessiert waren sondern vielmehr an Waren und Rohstoffen, die sie in ihrer Heimat mit großem Gewinn verkaufen konnten. Neben den erwähnten Sklaven waren dies Textilien, Pökelfleisch, Honig, Holz, Wolle, Flachs, Viehhäute, Gold, Silber, Zinn und Eisen. Es ist einleuchtend, dass nicht alle diese Güter am Ort des Umschlagplatzes hergestellt bzw. gewonnen werden konnten. Man nimmt deshalb an, dass die Bewohner der umliegenden ländlichen Siedlungen für diesen Markt produzierten. Im Gegensatz zu anderen Gegenden, die nur wenig vom Fernhandel beeinflusst waren, handelt es sich am Oberrhein um eine fein abgestufte Besiedlungsstruktur, in der sich stadtartige und ländliche Siedlungen in einem gegenseitigen wirtschaftlichen Abhängigkeitsverhältnis befanden.

52 In dieser Form wurde das Eisen verhandelt. Barren dieser Art kommen in Gewichten zwischen ca. 2,5 und 8 kg vor. Abgebildet sind zwei Eisenbarren aus Pfohren und Riegel.

53 Mühlstein aus Rotliegend-Brekzie aus der keltischen Siedlung von Breisach-Hochstetten. Dieses charakteristische Material wurde von den Kelten im Südschwarzwald gewonnen und in Form von Mühlsteinen in die Siedlungen der Region verhandelt.

Genau wie auch heute noch für Einfuhren Zölle an den Landesgrenzen erhoben werden, verlangten die keltischen Stämme für den Transport durch ihre „Hoheitsgebiete" ebenfalls Abgaben. Man verpachtete das Recht *portoria* (Zölle) zu erheben oftmals an Angehörige des eigenen Stammes. Im Gebiet der Haeduer im heutigen Zentralfrankreich erhob Dumnorix die *portoria* von den Händlern. Von Caesar wissen wir, dass er dadurch zu einem reichen Mann wurde (b.g. 1, 18, 3ff.). Leider sagen die antiken Autoren diesbezüglich nichts zu den Verhältnissen am Oberrhein. Man kann aber sicherlich davon ausgehen, dass die dort ansässigen Kelten dieses einträgliche Geschäft ebenfalls betrieben. Auf diese Weise erklären sich zum Teil auch die hohen Preise für die Waren, welche umso teurer wurden, je weiter man sie von ihrem Produktionsort entfernt verkaufte.
Im Gegensatz zum Fernhandel, über den wir recht viel wissen, ist über den Handel zwischen den Kelten ziemlich wenig bekannt. Zwar kann man davon ausgehen, dass Salz ein wichtiges Gut im innerkeltischen Handel darstellte, doch fanden sich anders als etwa in Schwäbisch Hall (Ost-Württemberg) oder in Bad Nauheim (Hessen) am Ober- und Hochrhein dafür noch keine eindeutigen Belege. Ebenso das Eisen: Eisenbarren kommen in unserer Region zwar recht häufig vor, gleichwohl lassen sich Herkunft und Bestimmungsort praktisch kaum mehr nachvollziehen. Dies ist nur anhand des eindeutigen Nachweises der Lagerstätten möglich, was leider nur allzu selten gelingt. Einen solch seltenen Fall stellen die Mühlsteine aus der so genannten Rotliegend-Brekzie dar *(Abb. 53)*. Die Kelten brachen diesen charakteristischen Stein im südlichen Schwarzwald und verhandelten ihn wahrscheinlich über den Umschlagplatz Basel als Fertigprodukt in die Siedlungen der Umgebung. Wir kennen am Oberrhein auch Importe aus anderen keltischen Gebieten. In den Siedlungen von Sasbach-Limberg (→ s. Wendling, Sasbach), Breisach-Hochstetten (→ s. Wendling, Breisach), Kirchzarten-*Tarodunum* (→ s. Dehn, *Tarodunum*) und Riegel (→ s. Dehn, Riegel) belegen beispielsweise Gefäße den Handel mit Regionen östlich des Schwarzwaldes. Zu

ihrer Herstellung war ein Material verwendet worden, welches besonders viel Graphit enthält. Die Lagerstätten für diesen Graphitton befinden sich in der Gegend um Passau (Bayern). Deshalb ist eine Herkunft der Gefäße aus dieser Region sehr wahrscheinlich. Für den Handel mit dem Gebiet des heutigen Bayern gibt es noch weitere Hinweise. Zahlreiche Münzen des Ober- und Hochrheingebietes finden sich in den keltischen Siedlungen an der Donau. Aber auch umgekehrt ist in unserer Region Geld anzutreffen, das im Gebiet des heutigen Bayern geprägt wurde. Als Beispiele hierfür sind etwa bayerisch-fränkische Büschelquinare sowie kleine Silbermünzen im Gewicht um 0,3 g der Typen Manching und Karlstein aus Altenburg-Rheinau anzuführen. Leider können wir nicht mehr feststellen, welche Waren genau damit bezahlt wurden. Gleichwohl geht man nicht fehl in der Annahme, dass das Münzgeld besonders im regionalen und überregionalen innerkeltischen Handel eine Rolle spielte. Ein Indiz hierfür sind die Funde keltischer Münzen, die sich zumeist auf die Großsiedlungen beschränken, also auf die Plätze, wo sich die Märkte befanden.

Keltische Münzen und Münzstätten

VON ANDREAS BURKHARDT

54 Frühe keltische PHILIPPOU-Imitation mit vollständiger, griechischer Schrift ΦΙΛΙΠΠΟΥ, aber charakteristischem Fehler in der Inschrift. Das Stück wird im Historischen Museum Basel aufbewahrt und stammt aus der bedeutenden humanistischen Münzsammlung von Basilius Amerbach (16. Jh.).

55 ΦΙΛΙΠΠΟΥ Stater von Gamshurst.

Die Geschichte der keltischen Münzen beginnt im 3. Jh. v. Chr. mit der Imitation griechischer Gold-Statere. Der Stater, nach attischem Münzfuß als Didrachme im Gewicht von 8.73 g (Normgewicht) ausgemünzt, bildet die metrologische Basis, an der sich für rund 300 Jahre die Münznominale Europas orientieren.
Die Münzen zeigen auf der Vorderseite das Kopfbildnis des Sonnen-Gottes Apoll und auf der Rückseite die Biga (das Zweigespann) mit Wagenlenker, womit sich König Philipp II. von Makedonien als Herrscher und Prägeherr identifizierte. Dessen Name ΦΙΛΙΠΠΟΥ (PHILIPPOU) wurde auf die Rückseite der Münzen geprägt. Der Prägebeginn der Gold-Statere ist nach den antiken Schriftquellen auf die Siege Philipps II. im Wagenrennen bei den Olympischen Spielen in den Jahren 352 oder 348 v. Chr. zurückzuführen (Plutarch 4,5 *„... Philipp, der sich brüstete, die Siege seiner Wagen in Olympia auf seinen Münzen geprägt zu haben“)*. Zudem besaß König Philipp II. seit 357/356 v. Chr. die reichen Edelmetallminen im Pangaion Gebirge. Mit dem makedonischen Gebietszuwachs im Anschluss an die Eroberung von Amphipolis 357 v. Chr. und der Gründung von Philippi 356 v. Chr. kam Philipp II. in den Besitz der dortigen Gold- und Silberminen. Diodor 16, 8, 5-6 spricht von einem Ertrag von tausend Talenten (wohl pro Jahr) zur Zeit Philipps II.
Die ersten keltischen Imitationen aus der Zeit um 300 v. Chr. mit vollständiger, aber in der Regel orthographisch fehlerhafter Inschrift ΦΙΛΙΠΠΟΥ *(Abb. 54)*, sind bisher durch gesicherte Funde in Deutschland nur mit einem einzigen Exemplar belegt *(Abb. 55)*. Spätere keltische ΦΙΛΙΠΠΟΥ-Imitationen aus der Zeit um 200 v. Chr. unterscheiden sich im Münzbild und in der Legierung bereits ganz erheblich vom Original. Der Kopf – auf der Vorderseite der Münzen – ist in der Regel mit lockiger Haartracht dargestellt, die Rückseite zeigt nur noch ein Pferd, teilweise mit Reiter, anstelle des Gespanns. Die Inschrift, die allenfalls noch aus

einzelnen unlesbaren Buchstaben besteht, fehlt meist vollständig. Dagegen hat sich der Bildstil vom frühen Schema der reinen Kopie gelöst und zeigt nun einen entwickelten, eigenständigen keltischen Münzbildstil, der sich an den Kunstformen der Latènezeit orientiert (→ s. Bräuning, Kunst). Der bedeutendste Schatzfund Mitteleuropas mit ΦΙΛΙΠΠΟΥ-Stateren, wurde 2001 bei archäologischen Ausgrabungen in Riegel a. K. geborgen (→ s. Dehn, Riegel). 27 schüsselförmige Goldmünzen waren in einem Keramikgefäß deponiert, wohl mit der Absicht, das Kapital zu einem späteren Zeitpunkt wieder zu heben. Der Fund ist in seiner Art bisher einzigartig in Europa und zählt zu den großen numismatischen Sensationen in der Geschichte der keltischen Münzen *(Abb. 56)*.

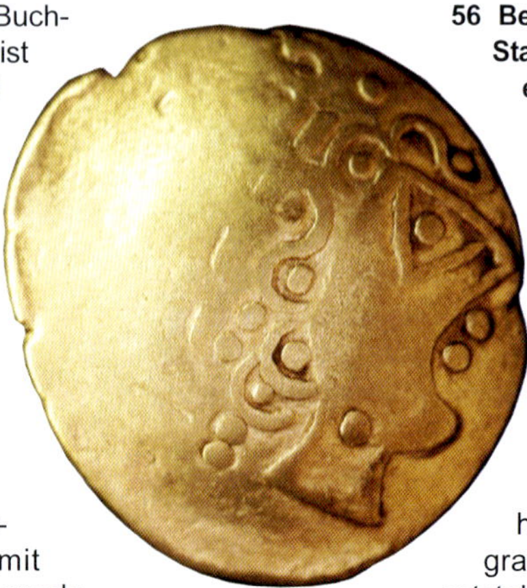

56 Beispiel eines ΦΙΛΙΠΠΟΥ Staters aus dem bisher einmaligen Goldschatz aus Riegel a.K.

Charakteristisch für alle keltischen Münzen seit den frühen ΦΙΛΙΠΠΟΥ-Imitationen ist die Verwendung von Kugelpunzen oder des Kugelbohrers, mit dem das Münzbild in den harten Münzstempel eingraviert wurde. Dadurch entsteht der typisch keltische Bildstil kugelförmiger Gelenke, z.B. bei den Pferden und der mandel- oder kugelförmigen Augen bzw. Lippen bei Menschendarstellungen. Ein weiteres Merkmal ist der Umstand, dass der Metallrohling immer wesentlich kleiner als das Münzbild des Münzstempels war. Daher ist nie das vollständige Bild auf der Münze ausgeprägt. Dieser Befund im Zusammenhang mit der Bildfülle wird als „horror vacui", d.h.

57 ΦΙΛΙΠΠΟΥ ¼ Stater aus Querbach. Der Münztyp wird durch Grabfunde aus Horgen (CH) und Langdorf (CH) in die Zeit um 180 bis 150 v. Chr. datiert.

die Angst vor bildfreien Stellen interpretiert. Die originalen ΦΙΛΙΠΠΟΥ-Statere, die nur selten in kleineren 1/2 Stateren oder auch 1/3 Stateren ausgemünzt wurden, dienten in Griechenland primär der Bezahlung von Söldnertruppen und wurden in Depots thesauriert. Für Ostgallien dagegen ist im 2. Jh. v. Chr. die Stückelung in ¼ Statere kennzeichnend und ein Indiz für die sich wandelnde Funktion der Münzen. Durch die Münzen entsteht allmählich eine sich entwickelnde Geldwirtschaft, die kleine und kleinste Nominale für den Gebrauch bei Warengeschäften forderte *(Abb. 57)*.

Ganz wesentlich hat sich im Laufe der Zeit auch der Feingehalt der Münzen verändert, wie durch Metallanalysen nachweisbar ist. Während die griechischen Originale aus geläutertem Gold bis zu 999 Feingehalt hergestellt wurden, zeigen die keltischen Imitationen im 2. Jh. v. Chr. nur noch Goldanteile von unter 50% Gold. Sie bestehen in der Regel aus einer Gold-Silber-Kupferlegierung, die im Prinzip modernem 333 Gold entspricht. Dadurch sinken, physikalisch bedingt, auch die Gewichte der Goldmünzen drastisch, so dass sie in der Zeit um 100 v. Chr. nur noch ca. 5 Gramm wiegen. Das Münzbild erinnert nur noch fern an das einstige Vorbild des griechischen Gold-Staters, das die Kelten rund 200 Jahre später nicht mehr kannten *(Abb. 58)*.

Maßgeblich beeinflusst wurde diese Entwicklung durch zwei ganz andere Nominale, die aus dem Süden Galliens (Südfrankreich) und aus Gallia Cisalpina (Italien) nach Norden bis an den Rhein kamen. Ursache waren der zunehmende Fernhandel und Warentransfer, die ein Adaptieren dieser Münznominale und Metallsorte erforderten. Nicht Goldmünzen sondern Silbergeld, das in Griechenland für den Geldverkehr emittiert wurde, war das wichtigste Zahlungsmittel des Fernhandels. Seit dem 3. Jh. v. Chr. wurden von der griechischen Handelskolonie → *Massalia* (heute: Marseille) in riesigen Mengen Drachmen und Obole aus Silber geprägt. Als Originale und zu Tausenden in Kopien und Imitationen aus den keltischen Münzstätten in Süd- und Zentralgallien verbreiteten sie sich entlang der Hauptverkehrsachsen bis nach Basel und in den südlichen Schwarzwald.

58 Späte, schriftlose Goldmünze, die nur noch rund 5 Gramm wiegt und kaum noch Gemeinsamkeiten mit den ΦΙΛΙΠΠΟΥ-Stateren zeigt. Fundort: Kirchzarten-*Tarodunum*.

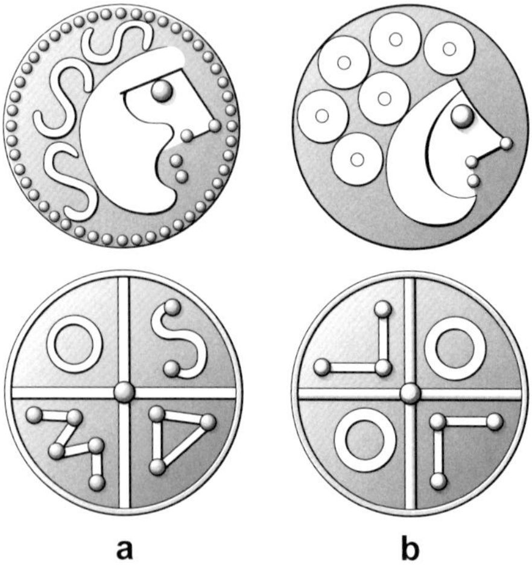

59 Obole waren die kleinsten Silbermünzen am Oberrhein. Sie wiegen nur 0.4 bis 0.5 gr.
Links: Obol Typ Basel (Imitation eines MASSALIA Obols), rechts: Obol Typ Tarodunum (Imitation eines VOLCAE Obols).

Die griechischen Originale und Vorbilder zeigen auf der Vorderseite den Kopf der Artemis und auf der Rückseite den brüllenden Löwen, das Sinnbild von Marseille. Die Münzen sind an der Inschrift ΜΑΣΣΑΛΙΗΤΩΝ (MASSALIA), auch nur ΜΑΣΣΑ oder Μ-Α bei den Obolen eindeutig zu erkennen. Die keltischen Imitationen zeigen wiederum den typischen Münzbildstil (→ s. Bräuning, Kunst). Die Buchstaben werden zu Zeichen und ikonographischen Beizeichen symbolisiert und verlieren damit ihre Funktion als Schrift *(Abb. 59)*. Der Obol, im Gewicht von nur 0.5 Gramm ausgemünzt, ist das kleinste Nominal Ostgalliens. In Basel-Gasfabrik wurde sogar ein Hemiobol (halber Obol) im Gewicht von nur 0.3 Gramm entdeckt. Obole müssen einst in großen Mengen in den Siedlungen Basel und Kirchzarten-*Tarodunum* zirkuliert haben, wie die wenigen Funde dieser winzigen Münzen vermuten lassen, die nur durch minutiöse archäologische Methoden entdeckt werden.

Die umfangreichste Münzgruppe, die in der Geschichte der keltischen Münzen in Ostgallien geprägt wurde, geht jedoch nur indirekt auf griechische Vorbilder zurück. Es ist die neue, starke Währung hochkarätiger Silber-Denare der Römischen Republik, die im Gewicht von 3.8 bis 4.0 Gramm emittiert wurden. Seit der Zeit um 200 v. Chr. dringt der römische Denar durch Handelsverbindungen über die Alpen bis nach Süddeutschland vor. Denare, die von den römischen Monetaren (Münzhersteller) wie z.B. Fannius, Minucius Rufus und Cipius in der Münzstätte Rom geprägt wurden und bis an den Oberrhein zirkulierten, zeigen auf der Vorderseite den Kopf der Stadtgöttin Roma mit Flügelhelm und auf der Rückseite die reitenden Dioskuren oder die Quadriga, das Viergespann *(Abb. 60)*.

Die keltischen Imitationen zeigen ebenfalls einen Kopf mit Helm, aber auf der Rückseite nur ein Pferd sowie die griechische Inschrift ΚΑΛΕΤΕΔΟΥ (KALETEDOU), deren Bedeutung bis heute unklar ist. Die Münzen wurden jedoch immer im Gewicht eines halben Denars (*Quinarius*) zu 1.8 bis 2.0 Gramm ausgemünzt und werden daher als Quinare bezeichnet. Ihr hoher Feingehalt von 97-99% Silber orientiert sich am römischen Vorbild. Im Laufe der Zeit wird die Inschrift der ΚΑΛΕΤΕΔΟΥ-Quinare immer mehr verkürzt bis zu ΚΑΛΕΥ (KALEU) *(Abb. 61)*. Am Ende dieser Entwicklung werden schriftlose Typen emittiert, wie die Neufunde aus Altenburg-Jestetten belegen *(Abb. 62)*.

Nordöstlich des Rheins kommen aber auch schriftlose Silbermünzen vor, die Spiegelbild eines unterschiedlichen Alphabetisierungsgrades sind. Eine große Gruppe schriftloser Silbermünzen sind die so genannten „Büschelmünzen“, die nur noch 1.5 bis 1.7 Gramm wiegen und daher nicht

60 Römischer Silber-Denar (anonym, Münzstätte Rom um 200 v. Chr.). Auf der Vorderseite ist der Kopf der Roma mit Flügelhelm dargestellt, auf der Rückseite die reitenden Dioskuren. Die Münze besteht aus 99% Feinsilber (ED-XRF Analyse). Fundort: Altenburg, Gem. Jestetten.

mehr als Quinare bezeichnet werden sollten. Sie zeigen auf der Vorderseite ein merkwürdiges, büschelartiges Motiv, das bisher nicht überzeugend interpretiert werden konnte *(Abb. 63)*. Schriftlose Büschelmünzen und späte ΚΑΛΕΤΕΔΟΥ-Quinare ohne Buchstaben dürften in Altenburg gleichzeitig hergestellt worden sein. Im Laufe des 1. Jh. v. Chr. findet das lateinische Alphabet immer stärker Eingang in das Keltische, wie Büschelmünzen mit lateinischen Buchstaben belegen. Schließlich wird das griechische Alphabet aufgegeben. Quinare mit lateinischen Namen auf den Münzen, wie NINNO-MAUC, TOCIRIX, oder Q.DOCI.SAM.F. beherrschen jetzt die Münzlandschaft, wie Funde vom Basler Münsterhügel und aus Altenburg-Jestetten zeigen.
Der starke Einfluss des Silbergeldes auf das Münzsystem hat das Zulegieren von hohen Silberanteilen bei den Goldnominalen sicherlich motiviert, worauf ein sehr später, schriftloser ΦΙΛΙΠΠΟΥ-Stater aus Basel-Gasfabrik hinweist. Er besteht nur noch aus einer Silber-Kupfer-Legierung ohne Goldanteil und dürfte wohl in die Zeit um 100 v. Chr. zu datieren sein.
Als einmalig in der Geschichte der Metallurgie keltischer Goldmünzen sind die Funde aus Kirchzarten-*Tarodunum* zu werten. In der dem *oppidum* vorgelagerten Siedlung wurden neben späten ΦΙΛΙΠΠΟΥ Münztypen auch zunächst unscheinbar wirkende Metallreste gefunden. Nur durch Metallanalysen, die heute absolut zerstörungsfrei durch die ED-XRF (Röntgenfluoreszenzspektrometrie) möglich sind, konnten sie als entscheidendes „Missing Link“ in der Rekonstruktion der Produktionskette von Goldmünzen identifiziert werden. Die Metallreste, darunter ein Goldklumpen von 25 Gramm mit noch anhaftenden Holzkohleresten, ein noch ungeprägter Metallrohling und eine geprägte Münze eines späten ΦΙΛΙΠΠΟΥ Typs zeigen eine identische Zusammensetzung der Gold-Silber-Kupfer-Legierung *(Abb. 64 a-d)*.

61 Bei den ΚΑΛΕΤΕΔΟΥ Quinaren geht die Inschrift durch Buchstabenverlust allmählich verloren:
a) Typ 1 ΚΑΛΕΤΕΔΟΥ, **b) Typ 2** ΚΑΛΕΔΟΥ, **c) Typ 3** ΚΑΛΕΔΥ,
d) Typ 4 ΚΑΛΕΥ, **e) Typ 5 nur noch** Ε **ohne Inschrift**
(Typologie A. Burkhardt, Zeichnungen C. Urbans).

Damit ist nicht nur zum ersten Mal der Nachweis der Herstellung von Goldmünzen in einer keltischen Siedlung gelungen, sondern es konnten auch die metallurgischen Verfahren zur Herstellung von Dreikomponenten-Legierungen aus Gold, Silber und Kupfer nachvollzogen werden. Das Verfahren weist erstaunliche Ähnlichkeiten mit Techniken auf, die heute in der modernen Metallbranche angewendet werden und belegen einmal mehr die außerordentlichen Kenntnisse der Kelten in Bezug auf Metallurgie und metallurgische Verfahrenstechniken, die sie meisterhaft beherrschten *(Abb. 65)*.
Dass es sich bei der Münzprägung in der Regel um ein Massenprodukt handelt, bei dem nur zur Fertigung des gravierten Münzstempels künstlerische Fähigkeiten nötig sind, nicht aber bei dem Prägevorgang der Münzen selbst, illustrieren die zahlreichen Fehlprodukte und Münzen mit Produktionsfehlern. Die Münze, deren Wert sich allein aus dem Feingehalt des Metalls und dessen Gewicht ergibt, ist dadurch absolut vollwertig. In dem einzigartigen Goldschatzfund aus Riegel befinden sich auch Münzen mit markanten Produktionsfehlern (z.B. quer geprägte Rohlinge und von einem völlig abgenutzten Münzstempel geprägte Exemplare, *Abb. 66)*. Solche optisch unattraktiven Stücke sind für den Numismatiker besonders interessant, da die Untersuchung von Fehlprodukten Aufschluss über das Herstellungsverfahren und den Prägevorgang geben. Zahlreiche Beispiele finden sich unter der Massenproduktion in Altenburg *(Abb. 67 a, b)*.
Die letzte, aber zugleich umfangreichste und wohl bedeutendste Gruppe in der Spätlatènezeit sind die vollständig im Gussverfahren hergestellten zinnreichen Bronzemünzen, die als *Potinmünzen* bezeichnet werden. Spätestens um 120 v. Chr. setzt ihre Herstellung in allen größeren keltischen Siedlungen ein. Im Laufe des 1. Jh. v. Chr. werden sie zur dominierenden keltischen Geldsorte in Süddeutschland und der Schweiz. Die Münzen wurden komplett im Reihengussverfahren hergestellt *(Abb. 68)* und wiegen 4 bis 5 Gramm.

62 ΚΑΛΕΤΕΔΟΥ **Typ 4.A zeigt noch Teile der Schrift, der** ΚΑΛΕΤΕΔΟΥ **Typ 4.X ist bereits schriftlos; auch die Darstellung des Kopfes reduziert sich. (hier im Bild) Fundort: Altenburg, Gem. Jestetten.**

63 Zwei besonders schöne Büschelmünzen. Die Münzen wiegen nur 1.5 - 1.7 Gramm. Fundort: Altenburg, Gem. Jestetten.

Die bedeutendsten Emissionen, die so genannten Sequaner- und Leuker-Potinmünzen *(Abb. 69)*, zeigen auf der Vorderseite einen Kriegerkopf mit Helm und auf der Rückseite einen Stier, ein Pferd oder einen Eber. Daneben kommen aber auch ganz andere Motive vor. Gusstechnisch bedingt sind die Münzbilder oft flau und breitflächig, was nicht als mangelnde künstlerische Fähigkeit zu interpretieren ist. Mit der Weiterentwicklung und Optimierung der Gusstechnik gelingt es, die im Reihengussverfahren hergestellten Münzen auch mit feingliedrigen Details und Inschriften herzustellen. Die Potinmünzen werden den geprägten Silbermünzen nicht nur farblich, sondern auch stilistisch dadurch sehr ähnlich, wie die letzten keltischen Münzen zeigen. Sie bilden den Höhepunkt der keltischen Gusstechnik und leiten zugleich das Ende der keltischen Münzgeschichte ein *(Abb. 70)*. In großen

64 ***Tarodunum*, Kirchzarten: die Herstellung von Goldlegierungen und keltischen Goldmünzen.**
a) Zerhackter älterer ΦΙΛΙΠΠΟΥ**-Stater, b) Klumpen einer Goldlegierung zu 25 Gramm.**
c) Ungeprägter Münzrohling. d) Geprägte Münze mit identischer Legierung wie b) und c).

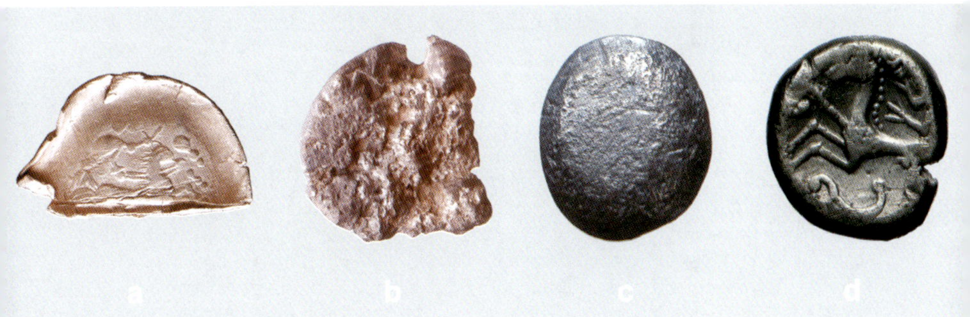

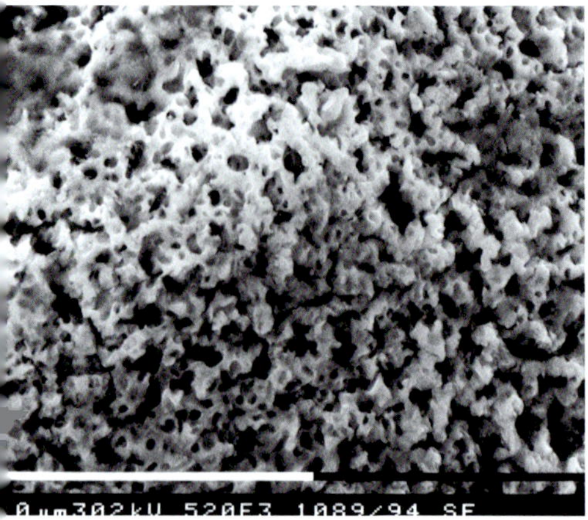

65 Rasterelektronenmikroskopische Aufnahme eines Produktionsrestes aus Gold, der bei 5.200facher Vergrößerung eine schwammartige, poröse Struktur zeigt.

66 Ein völlig abgenutzter Münzstempel wurde zur Prägung dieser Vorderseite (Kopfbild) eines ΦΙΛΙΠΠΟΥ Staters verwendet; zudem ist der Goldrohling quer zwischen die Stempel gerutscht, so dass er oval geschlagen wurde.
Fundort: Riegel.

Stückzahlen sind sie vom Basler Münsterhügel in den spätestkeltischen und frühaugusteischen Fundhorizonten belegt. Die Metallurgie der keltischen Münzen ergibt folgendes Bild: die keltischen Goldmünzen bestehen aus einer Gold-Silber-Kupferlegierung, die Silbermünzen immer nur aus einer Silber-Kupferlegierung. Die gegossenen Bronzemünzen schließlich wurden aus einer komplexen Zinnbronze hergestellt, die je nach Münztyp zudem charakteristische Blei- oder Antimon-Gehalte zeigt. Die dabei verwendeten Rohstoffe sind mehrheitlich in den natürlichen Lagerstätten am Oberrhein und im Schwarzwald vorhanden. Gold wurde bis in das 19. Jh. hinein durch das Auswaschen der Goldflitter am Rhein gewonnen, während die Erze im Schwarzwald abgebaut wurden. Gerade die komplexen Legierungen der gegossenen Bronzemünzen, die neben Antimon und Blei auch Arsen, Nickel und Silber in geringen Konzentrationen aufweisen, belegen, dass polymetallische Erze des Schwarzwaldes in den Münzstätten Kirchzarten-*Tarodunum* und auf dem Kegelriß verarbeitet wurden (→ s. Burkhardt/Wendling, Handwerk). Als Fazit ist festzuhalten, dass sich das keltische Münzwesen im 3. Jh. v. Chr. aus den griechischen Vorbildern entwickelte. Diese kamen einerseits als PHILIPPOU (ΦΙΛΙΠΠΟΥ) Gold-Statere aus dem griechischen Mutterland – wahrscheinlich durch Söldner – in den Westen und andererseits aus der Handelskolonie Massalia, die aus wirtschaftlichen Gründen Silber-Drachmen für die Handelsmärkte emittierte. Seit dem 2. Jh. v. Chr. strömen römische Denare nach Gallien, die eine Massenproduktion keltischer Silber-Quinare auslösen. Gleichzeitig beginnt in zunehmenden Mengen die Produktion zinnreicher Bronzemünzen, die in allen größeren Siedlungen im Reihengussverfahren emittiert werden. Dadurch entsteht eine konstante Versorgung des Marktes mit Geld in den verschiedensten Nominalen und Metallsorten. Dass ein monetärer Kollaps des Geldmarktes durch eine unkontrollierte Über-

67 Altenburg, Gmde. Jestetten: in der bedeutendsten Münzstätte Baden-Württembergs in spätkeltischer Zeit wurden tausende von Silbermünzen geprägt.
a) Quer ausgeprägter Silberrohling eines ΚΑΛΕΤΕΔΟΥ Typ 4.X.
b) Besonders schönes Beispiel einer *incusen* Prägung. Ursache: die Produktion lief so schnell, dass eine bereits geprägte Münze im Münzstempel hängen blieb und ihr positives Münzbild als Negativ in den nächsten Metallrohling eingeprägt wurde.

68 Modell des Reihengusses von Bronzemünzen (Potinmünzen): Rekonstruktion A. Burkhardt, Zeichnung C. Urbans.

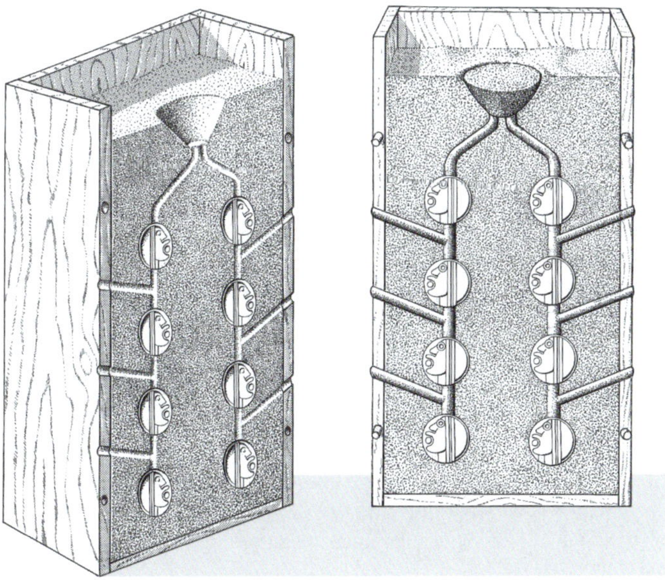

69 **Der häufigste Typ gegossener Bronzemünzen (Potinmünzen): die Sequaner-Typen, die in allen keltischen Siedlungen am Oberrhein vorkommen. Hier ein Exemplar vom Kegelriß bei Ehrenstetten.**

produktion unterschiedlichster Metallsorten und Nominale letztlich die Ursache für den raschen Untergang des keltischen Geldes in den letzten Jahrzehnten vor der Zeitenwende war, könnte ein mögliches Erklärungsmodell sein.

70 **Die letzten keltischen Münzen sind perfekte Gussprodukte: die auf dem Basler Münsterhügel hergestellten TURONOS-CANTORIX Münzen bezeichnen vermutlich einen keltischen Kriegsherren, der sich RIX (= REX) nennt. Auf der Vorderseite Kriegerkopf mit Helm und auf der Rückseite unter dem Pferd die Lyra, das wohl beliebteste Musikinstrument der Gallier.**

„Göttergeld und Fürstengold“

Schätze mit Goldmünzen am Oberrhein und in Europa

VON MICHAEL NICK

Der 1883 angeblich bei Saint-Louis (Frankreich) in der Nähe von Basel entdeckte keltische Goldschatz stellt einen in zweierlei Hinsicht äußerst spannenden Befund dar *(Abb. 71)*. Einerseits, weil die Suche nach dem genauen Fundort bis heute anhält, und andererseits wegen seines Inhaltes. Arbeiter hatten ihn bei Bauarbeiten entdeckt und alsbald in verschiedenen Städten mit unterschiedlichen Fundortangaben zum Kauf angeboten. Neuere Recherchen in Archiven machen nun wahrscheinlich, dass der Schatz aus dem Umfeld der keltischen Siedlung auf dem Kegelriß bei Ehrenstetten (→ s. Dehn „Kegelriß“) stammt. Heute lassen sich neben 84 Münzen noch

71 Der Hort von „Saint-Louis“ umfasste bei seiner Auffindung mehrere Dutzend Goldmünzen aus drei verschiedenen Gegenden Europas sowie die Fragmente zweier Torques und weitere Schmuckgegenstände aus Gold. Der Fundort lag wahrscheinlich in der unmittelbaren Umgebung der keltischen Siedlung auf dem Kegelriß bei Ehrenstetten.

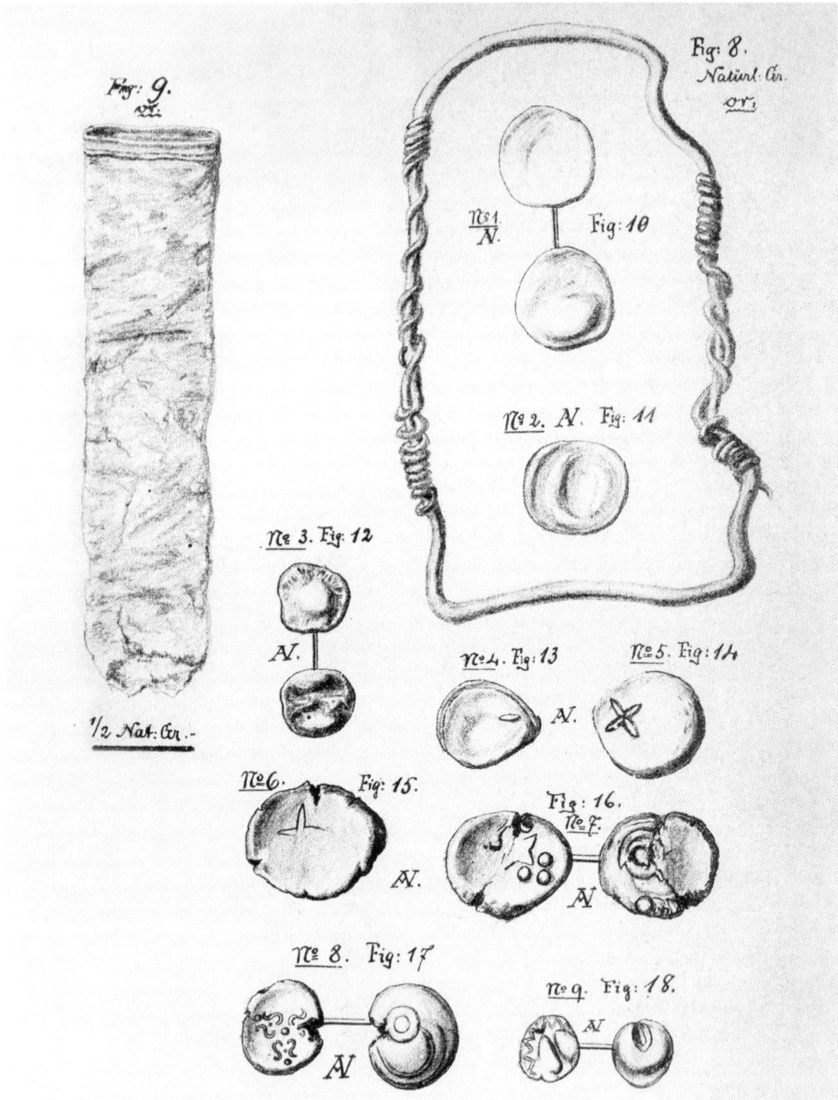

72 Abbildung aus der Erstpublikation des Depots von „Saint-Louis“ von dem bekannten Kelten-Numismatiker Robert Forrer 1884. Er machte lediglich die Fundortangabe „Elsass, in der Gegend des Rheines“. Die Abbildung zeigt den Armring (Fig. 8), ein Fragment des kleineren Torques im Fundzustand (Fig. 9) sowie Goldmünzen der Boier (Fig. 10-13; 18) und süddeutsche Regenbogenschüsselchen (Fig. 14-17).

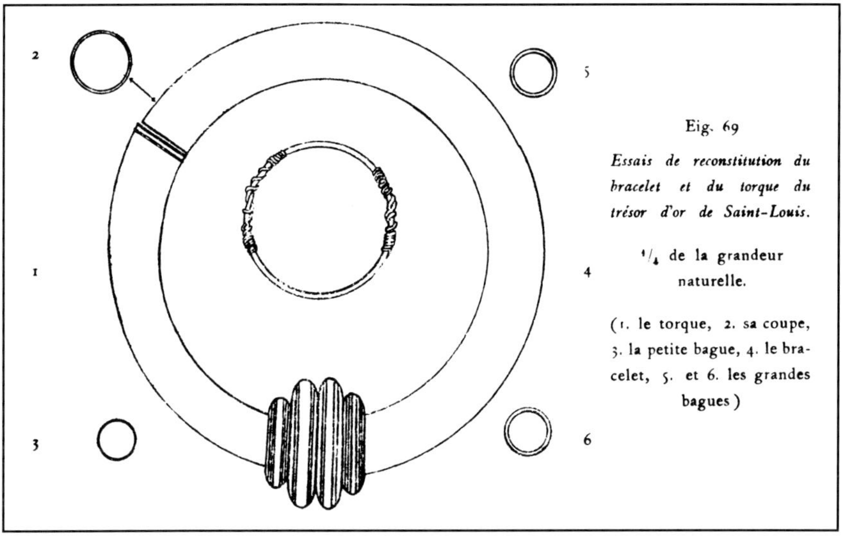

73 Rekonstruktion eines der beiden Torques sowie des Armringes aus dem Depot von „Saint-Louis" durch Robert Forrer.

drei Fingerringe, ein Armring sowie Fragmente zweier unterschiedlich großer Halsringe, so genannter Torques, der Deponierung zuweisen. Alle Funde bestehen aus Gold. Bei seiner Auffindung könnte der Schatz noch wesentlich mehr Gegenstände umfasst haben, was sich aber leider nicht mehr nachvollziehen lässt *(Abb. 72)*.
Die Besonderheit des Depots liegt einerseits darin, dass er Schmuckgegenstände *(Abb. 73)* sowie die beiden Torques zusammen mit Münzen vereinigt. Andererseits sind die enthaltenen Münzen an Ober- und Hochrhein allesamt ortsfremd. 36 so genannte Regenbogenschüsselchen kommen aus dem württembergisch-bayerischen Raum, 31 Goldmünzen des keltischen Stammes der Boier aus Böhmen (CZ) und zwei Kugelstatere der Senonen aus dem nördlichen Mittelfrankreich. Aus der Literatur kennt man 15 weitere Münzen, die mit einiger Wahrscheinlichkeit ebenfalls den genannten Gruppen angehörten. Erstaunlich ist, dass die einzelnen Münzgruppen untereinander so gleichartig strukturiert sind, dass sie nur jeweils zusammen in den Hort gelangt sein können. Hätten diese Münztypen einzeln durch Handel unsere Region erreicht, müssten sich sie sich ja auch in den keltischen Siedlungen und/oder den Handelsplätzen feststellen lassen. Dort sind sie aber nicht vorhanden.
Umso bemerkenswerter sind drei weitere Horte, die im näheren Umfeld gefunden wurden. Der erste stammt aus Fischingen *(Abb. 74)*, Lkr. Lörrach. Er umfasst wiederum fünf Regenbogenschüsselchen und einen Stater der Boier sowie eine Goldmünze der Ambianer, welche am Ärmelkanal siedelten. Ursprünglich könnte der Fund weitere Münzen umfasst haben. Leider sind bis auf eines heute alle Stücke verschollen. Glücklicherweise sind uns die sieben genannten Münzen durch alte Fotos überliefert.
Ein weiteres Depot kommt aus der Umgebung von Mulhouse in Frankreich *(Abb. 75)*.

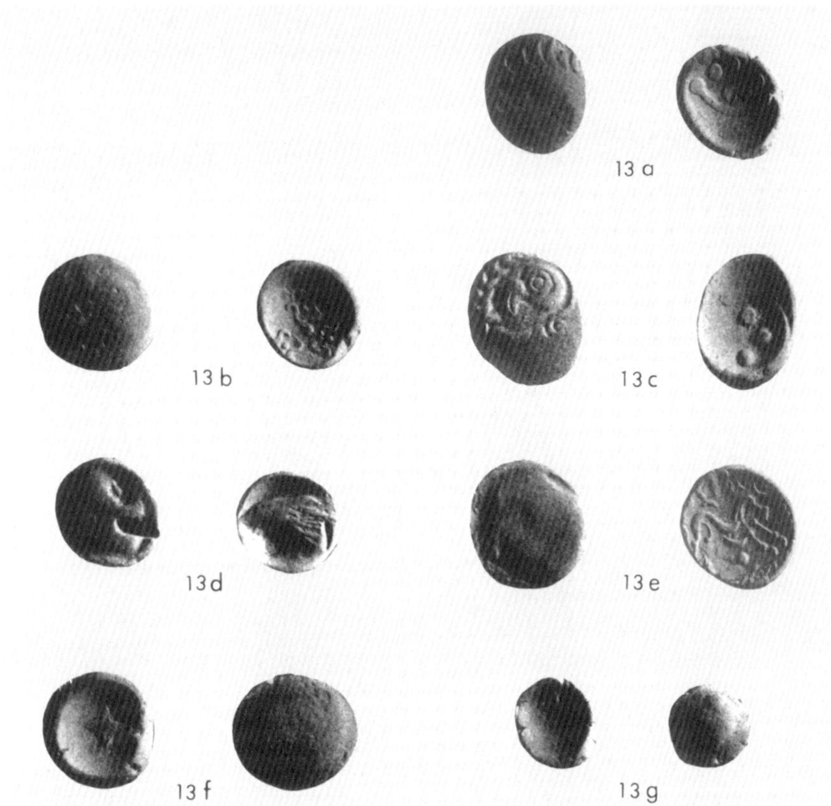

74 Der Hort von Fischingen wurde bereits zu Beginn des 19. Jh. entdeckt und verkauft. Der genaue Umfang des Depots ist deshalb nicht mehr nachzuvollziehen. In den 1920er-Jahren tauchten sieben Münzen des Hortes bei einer Auktion auf. Die vom Badischen Landesmuseum Karlsruhe erworbenen zwei Münzen verschwanden im 2. Weltkrieg aus dem Heimatmuseum in Istein. Bis auf ein Stück (heute im Historischen Museum Basel) sind uns die Münzen nur durch die Fotos aus dem Auktionskatalog bekannt: fünf süddeutsche Regenbogenschüsselchen (13a-c. f-g), ein Stater der Boier (13d) sowie ein Stater der Ambianer (13e).

Es bestand, soweit es sich heute noch nachvollziehen lässt, aus einigen Dutzend boischer Goldmünzen.
Der genaue Fundort des dritten Hortes ist ebenfalls unbekannt. Wir kennen lediglich die Angabe „aargauische Rheingegend" (Schweiz). Der Fundort muss sich also irgendwo am Hochrhein befunden haben. Es können noch vier süddeutsche Regenbogenschüsselchen sowie ein Kugelstater der Senonen als zum Fund zugehörig erschlossen werden.

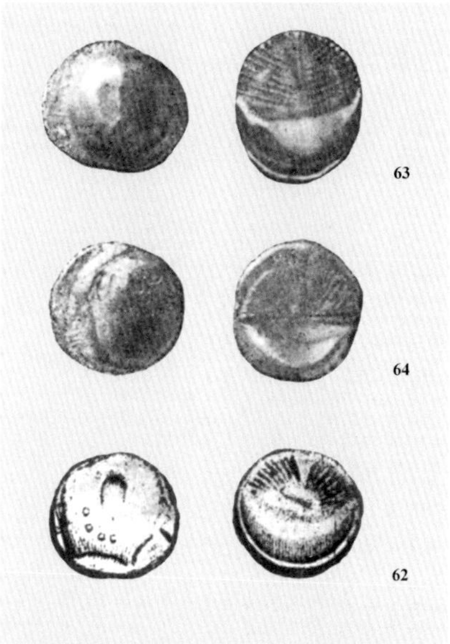

63

64

62

75 Robert Forrer machte auch den im 19. Jahrhundert entdeckten und bereits zu seiner Zeit verschollenen Hortfund aus Mulhouse in der Forschung bekannt. Das Depot bestand wohl aus einigen Dutzend Goldmünzen der Boier, von denen nur noch eine Abbildung erhalten ist (62). Forrer führt darüber hinaus zwei weitere Stücke an, die möglicherweise dem Fund angehört hatten (63-64).

Auch diese drei im 19. Jahrhundert gefundenen Schätze wurden aus Unverständnis um ihre wissenschaftliche Bedeutung zum Verkauf angeboten. Was wir aber aus den erhaltenen Informationen herauslesen können, ist, dass sie alle ein in unserer Region fremdes Spektrum an Goldmünzen aufweisen, welches sehr enge Parallelen zu „Saint-Louis" besitzt.
Sehen wir uns weiter in Europa um, lässt sich eine ganze Reihe von Schatzfunden dieser Art feststellen *(Abb. 76)*. Oftmals zeigen die gehorteten Goldmünzen keine oder nur geringe Gebrauchsspuren. Auch der Umstand, dass die Deponierungen zahlreiche stempelgleiche Münzen umfassen, legt nahe, dass sie direkt nach ihrer Prägung gehortet wurden und nicht für einen Umlauf als Einzelstücke bestimmt waren. Ferner ist eine Reihe von Depots über recht große Distanzen ebenfalls durch Stempelgleichheiten verbunden. Der Hort von „Saint-Louis" weist stempelgleiche Stücke zu mindestens sieben weiteren Deponierungen auf. Ebenso ist die Tatsache recht bemerkenswert, dass dieser Fund aus drei Kontingenten ortsfremder Münzen besteht, welche aber in der Anzahl der vorhandenen Typen sehr einheitlich strukturiert sind. Es ist deshalb anzunehmen, dass jeweils eine größere Menge gleichartiger Münzen auf einmal gehortet wurde. All diese Feststellungen sprechen dagegen, dass diese Goldschätze zustande kamen, indem man die Münzen nach und nach einzeln dem Geldumlauf entzog. Wir müssen deshalb eine andere Erklärung dafür finden.
Obwohl uns die Herstellung von Viertelstücken zu den Stateren zeigt, dass bereits zum Ende des 3. Jahrhunderts v. Chr. der Bedarf an kleineren Einheiten allmählich wuchs, ist es offensichtlich, dass mit Goldmünzen, die vom Wert her mit unseren großen Euro-Scheinen vergleichbar sind, noch keine allgemeine Geldwirtschaft möglich war. Der Einkauf auf dem Markt war unmöglich allein mit solch großen Geldstücken, welche die Viertelstatere ja immer noch waren, abzuwickeln. Die anfängliche Prägung der Goldmünzen stand vielmehr weiterhin in der Tradition des schon viel älteren goldenen Torques.
Bevor nämlich die Kelten selbst begannen, Münzen zu prägen, benutzten sie andere Gegenstände, um Werte anzuhäufen oder zu messen. Eisenbarren und goldene Torques waren die Vorläufer der Münze in Mitteleuropa. Laut antiker Überlieferung war der goldene Torques ein von Kriegern getragenes Schmuckstück, das besonders

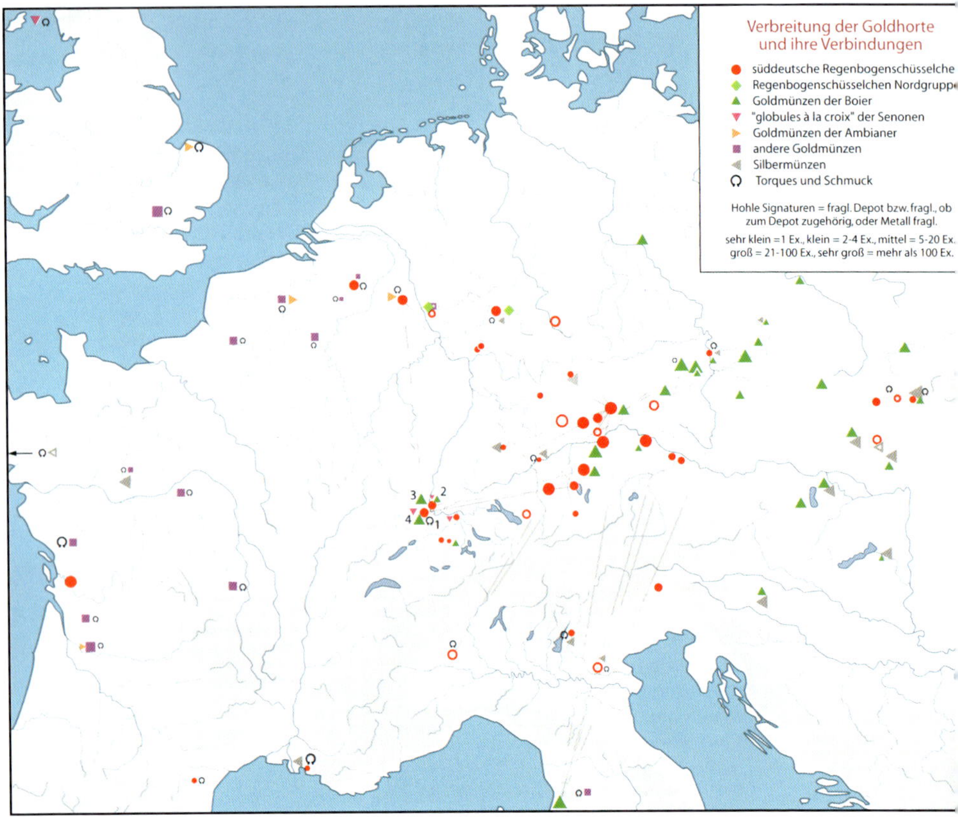

76 Münzhorte mit süddeutschen Regenbogenschüsselchen, Goldmünzen der Boier oder Torques. Es wird deutlich, dass die Sitte der Hortung von Goldmünzen sowie goldener Torques über weite Teile West- und Mitteleuropas verbreitet war. Die Linien kennzeichnen die Verbindungen der Depots durch stempelgleiche Münzen. Obwohl nicht alle Horte dahingehend untersucht sind, zeigen sich sehr weitläufige Verbindungen. 1: „Aargauische Rheingegend"; 2: Fischingen; 3: Mulhouse; 4: „Saint-Louis".

den Status des Trägers hervorheben sollte. Gleichzeitig war er Attribut der Götter und damit Objekt der Opferung. Zwei Stellen aus der antiken Literatur bringen dies besonders anschaulich zum Ausdruck:
„Furchterregend aber war auch der Anblick und die Bewegung der nackten im Vordertreffen stehenden Männer in ihrer Jugendkraft und Schönheit. Und alle Leute der ersten Abteilungen waren mit goldenen Hals- und Armbändern geschmückt, deren Anblick die Römer teils in Schrecken setzte, teils durch die Hoffnung, sie zu erbeuten, mit doppelter Kampfeslust erfüllte."
Polybios über die Schlacht bei Telamon 225 v. Chr. (Hist. II, 29, 7-9)
„Auffallend und bemerkenswerth ist das Benehmen der oberländischen Kelten ge-

gen die Heiligthümer der Götter. In den Tempeln und den heiligen Plätzen, die man hin und wieder antrifft, liegt viel Gold umher, das den Göttern geweiht ist, und die Furcht vor ihnen ist so groß, daß keiner der Eingeborenen es anrührt, obgleich die Kelten sonst äußerst geldgierig sind.“ (Diodor, Hist. Bibl. 5, 27)

Wenn wir uns nun die Verbindungen der Goldhorte über große Teile West- und Mitteleuropas in Erinnerung rufen, kommen dafür folgende Erklärungsmöglichkeiten in Betracht: Vor dem Hintergrund der antiken Überlieferung lassen sich viele Deponierungen als Niederschlag von Geschenken zwischen Herrschern, sozusagen als diplomatische Gaben, interpretieren. Mehrere antike Stellen erwähnen das Schenken goldener Torques, Münzen und anderer wertvoller Dinge auf politischer Ebene. Es ging hier meistens um die Schaffung freundschaftlicher Beziehungen oder militärischen Beistands (z.B. Livius 43, 5, 8-9; 44, 14, 2; Appian, Maked. 18, 2). Aber auch Heiratsmitgiften, Tribut- und Soldzahlungen sowie Opfergaben an die Götter können erschlossen werden. Für den Handel ist ein Gebrauch der Goldmünzen jedoch lediglich im Rahmen größerer Transaktionen vorstellbar. Jedenfalls erweckt das frühe keltische Münzgeld den Anschein, als ob es sich in einem recht geschlossenen Kreislauf innerhalb der keltischen Oberschichten bewegte. Der gewöhnliche Bauer hatte in dieser Frühphase noch recht wenig mit dem Münzgeld zu tun. Es sei denn, einer der Herrscher wollte sich durch besondere Großzügigkeit der Treue seiner Untertanen versichern. Für die zweite Hälfte des 2. Jh. v. Chr. schildert Poseidonios sehr anschaulich, wie der Arvernerkönig Luernius – auf seinem Königswagen fahrend – Gold- und Silbermünzen unter die Menge zu werfen pflegte (Poseidonios F18).

Bereits im Verlauf des 3. Jahrhunderts v. Chr. war der Einfluss der griechischen Kolonie Massalia auf das Innere Galliens zu spüren. Doch erst mit dem Ausgreifen Roms nach Südgallien trat seit der Mitte des 2. Jahrhunderts v. Chr. das Gebiet an Ober- und Hochrhein verstärkt in das Blickfeld der römischen Händler. Es entstanden vermehrt keltische Großsiedlungen, die so genannten *oppida*, die als Märkte für den Handel fungierten. Aufgrund dieser neuen Erfordernisse stellten die Kelten nun auch Münzen aus Silber und Buntmetalllegierungen nach massaliotischem und römischem Vorbild her (→ s. Burkhardt, Münzen). Erst seit dieser Zeit kann man bei den Kelten von einer Geldwirtschaft sprechen.

Trotz dieser nun herrschenden Geldwirtschaft scheinen Goldmünzen zum großen Teil immer noch zu den oben beschriebenen Zwecken verwendet worden zu sein, wie die Datierung des Hortes von „Saint-Louis“ zeigt, welcher in der zweiten Hälfte des 2. Jahrhunderts v. Chr. niedergelegt wurde. Neben der Sphäre der Geldwirtschaft existierte also auch weiterhin eine soziale Sphäre, in welcher das Gold zur Knüpfung sozialer Bindungen über große Distanzen diente. Dieser Sphäre gehörten viele der spätlatènezeitlichen Goldhorte nach wie vor an.

Das Doppeloppidum Altenburg-Rheinau

Gem. Jestetten, Kreis Waldshut, D; Rheinau, Kanton Zürich, CH

VON ANDREA BRÄUNING

Etwa fünf Kilometer unterhalb des Rheinfalls bei Schaffhausen liegt in einer großen Doppelschleife des Hochrheins auf den beiden Halbinseln „Schwaben" und „Au" das Oppidum Altenburg-Rheinau, ein in spätkeltischer Zeit bedeutender verkehrsgeographischer Knotenpunkt am Rhein und Umschlagplatz für die Flussschifffahrt *(Abb. 77-78)*. Bisher konnte der Rheinübergang trotz intensiver Tauchprospektionen durch die Züricher Kantonsarchäologie nicht nachgewiesen werden. Er wird wohl aber im Bereich der kleinen Klosterinsel zu suchen sein.

Die beiden Halbinseln, die ein Areal von 318 ha umfassen – „Schwaben" hat ungefähr 233 ha, „Au" 85 ha – wurden durch mächtige Mauern, deren Ruinen heute noch im Gelände als auffallende Wallanlagen sichtbar sind, gegen das Hinterland gesichert. Südlich vom heutigen Ort Rheinau wird die Halbinsel durch den „Keltengraben" geschützt. 1935 konnte Emil Vogt unter der zugehörigen Wallkrone die antike Befestigung – Trockenmauerwerk mit dahinter stehenden Pfosten – freilegen. Bis 1840 trug sie die mittelalterliche Stadtmauer.

77 Luftbild der großen Doppelschleife des Hochrheins mit den beiden Halbinseln „Schwaben" und „Au".

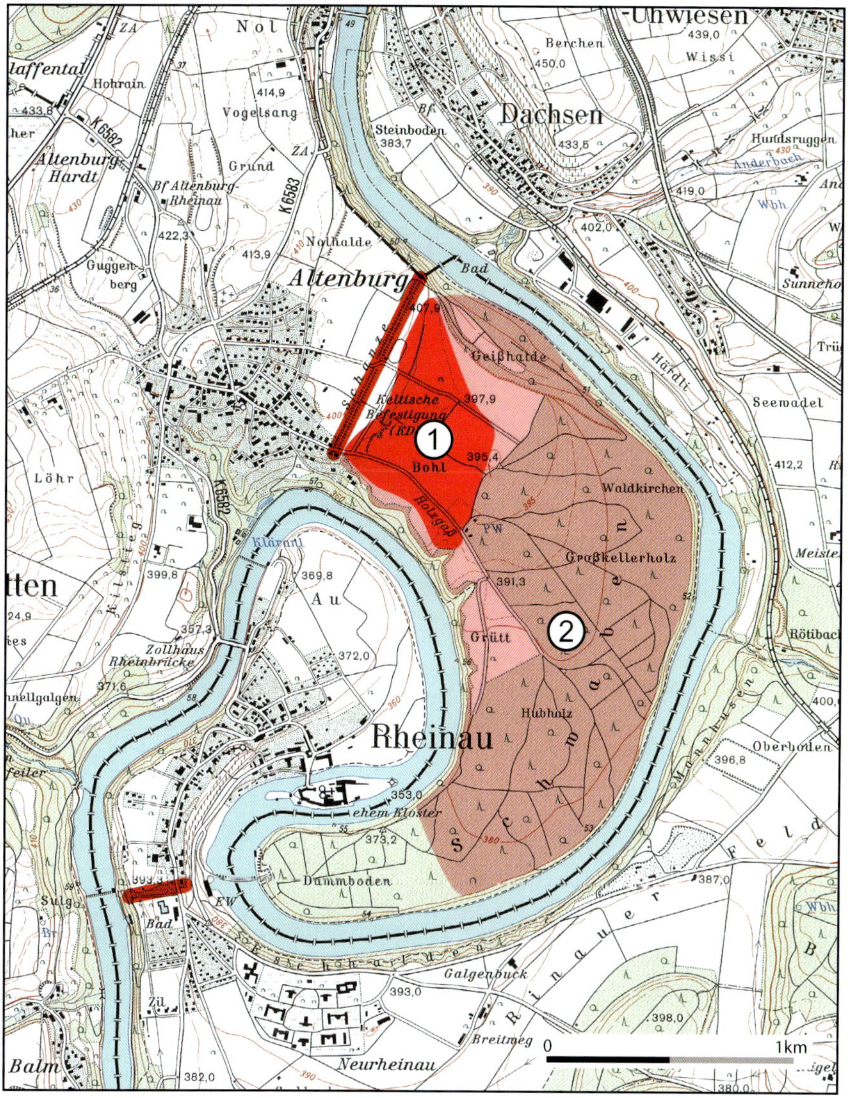

78 Plan zu Altenburg-Rheinau mit dem bisher bekannten Siedlungsareal (1) und dem aufgrund der Prospektion erkannten tatsächlichen Siedlungsgebiet (2).

Im Norden sperrt der über 750 m lange, geradlinige Wall „Schanz“ den Zugang zur Halbinsel „Schwaben“ ab (*Abb. 79-81*).

Die unter der Leitung von Georg Kraft durchgeführten Grabungen im Winter 1929/30 erbrachten im Innern, östlich der

79 Grabungsfoto des Walles mit Pfostenschlitzmauer, die bei den Ausgrabungen 1973 freigelegt wurde.

80 Altenburg: Rekonstruierte Pfostenschlitzmauer.

81 Ortsschild von Altenburg mit Blick auf den Wall „Schanz".

Altenburger „Schanz", eine spätlatènezeitliche Siedlung. Franz Fischer *(Abb. 82)* erforschte mit den Mitteln der DFG und des Landesdenkmalamtes Baden-Württemberg 1971-1977 und 1985 die Befestigung und die Siedlung, deren Beginn an den Anfang der Spätlatènezeit, also um ca. 150 v. Chr. datiert.
Die Grabungen förderten Siedlungsstrukturen von städtischem Gepräge zu Tage. Das Fundmaterial weist auf spezialisiertes Handwerk, Münzprägung und weit gespannte Handelskontakte mit dem Mittelmeerraum hin (→ s. Nick, Handel).
Die bisherigen Untersuchungen gingen davon aus, dass sich das Siedlungsareal vor allem auf die heute landwirtschaftlich genutzten Flächen beschränkte. Aufgrund

82 Der Ausgräber des DFG-Projekts Prof. Franz Fischer 1973.

systematischer Prospektionen durch zwei ehrenamtliche Mitarbeiter während der Jahre 2001-2004 im bewaldeten Gebiet kam es zu umfangreichen Neufunden. Man geht nun davon aus, dass sich die Siedlung der Spätlatènezeit auf vier Fünftel der vom Wall eingeschlossenen Fläche erstreckte. Nur die Südspitze ergab keinerlei Funde, weil diese im Zuge des Baus des nahe gelegenen Kraftwerks abgebaggert worden waren *(Abb. 83)*.
Auf deutscher Seite entdeckte man mehr als 400 keltische Münzen, davon mehrheitlich geprägte Edelmetallmünzen *(Abb. 84)* – Silberquinare und einige Goldstatere – sowie rund 70 gegossene Bronzemünzen, sog. Potinmünzen. Die typologische Vielfalt und chronologische Laufzeit dieser Münzen übertrifft das Spektrum sämtlicher bisher bekannter Münzfunde aus spätkeltischen Siedlungen Baden-Württembergs und ist am ehesten mit den zwei Siedlungen Basel-Gasfabrik und Basel Münsterhügel vergleichbar. Durch die Münztypen wird chronologisch ein Zeitraum von ca. 80-100 Jahren abgedeckt, also die Zeit von 150-50/40 v. Chr. (→ s. Burkhardt, Münzen).
Zu den ältesten Exemplaren zählen Silbermünzen mit der griechischen Beischrift ΚΑΛΕΤΕΔΟΥ sowie Imitationen römisch-republikanischer Denare. Zu den jüngsten

83 Luftbild vom Kraftwerksbau zwischen Rheinau und „Schwaben“ aus dem Jahre 1954. Rechts die Spitze der Halbinsel, die wahrscheinlich bei der Anlage des Kraftwerks zerstört wurde und deshalb siedlungsleer ist. Der Uferbereich wurde nach dem Bau 1953 wieder aufgeforstet, dazu kam noch die Anlage von Wanderwegen. Zur Orientierung die Türme der Klosterkirche von Rheinau.

Münztypen gehören Quinare mit der lateinischen Inschrift NINNO-MAUC und ein Q.DOCI.SAM sowie Sequaner Potin Münzen mit dem Namen DOCI, die zum ersten Mal östlich von Basel-Münsterhügel entdeckt wurden und bisher in Süddeutschland nicht vorkamen. Die Münzchronologie bestätigt die bisherige archäologische Datierung. Hingegen war die Vielfalt des Münzspektrums, insbesondere die Dominanz der ΚΑΛΕΤΕΔΟΥ-Quinare völlig unbekannt *(Abb. 85)*. Sie belegt weit reichende Kontakte nach Westgallien (Frankreich), in die Gallia Cisalpina (Norditalien) und in den Nordosten nach Manching in Bayern. Von dort stammen die Regenbogenschüsselchen oder sog. Vindelicer-Statere.

Auch auf der Schweizer Seite in Rheinau hat sich das Siedlungsbild in der Zwischenzeit verändert. Luftbilder aus dem Jahre 1988 zeigen Gruben- und Langhäuser, Gruben und Gräbchen sowie Wege unbekannter Zeitstellung. Die Grabungen von 1991 bis 1997 brachten auch hier den Nachweis einer Spätlatènesiedlung mit spezialisierter handwerklicher Produktion – wie Metallhandwerk (Schmiedewerkstatt) und Münzherstellung. Das Fundbild gleicht sonst dem jüngeren Abschnitt von Altenburg. Die Luftbilder belegen, dass die Hälfte der 85 ha der Halbinsel in der Spätlatènezeit besiedelt war.

Ob die beiden Oppida zur gleichen Zeit bestanden haben, ist ungewiss. Aufgrund des Fundspektrums scheint Altenburg ein halbes Jahrhundert älter zu sein als Rheinau. Bisher fehlen Münzen aus der spätkeltisch/frühaugusteischen Übergangszeit um

84 Sichergestellter Depotfund aus Altenburg mit sechs stempelgleichen Büschelmünzen.

85 Zu den ältesten Münzen zählen Silbermünzen mit der griechischen Beischrift ΚΑΛΕΤΕΔΟΥ, **sog. KALETEDOU-Quinare.**

30-15 v. Chr. unter dem umfangreichen Münzmaterial, so dass sich das Ende der beiden Siedlungen bisher nicht eindeutig festlegen lässt. Aus politisch-militärischen Gesichtspunkten heraus, ist ein Ende spätestens mit der Anlage des in der unmittelbaren Nähe liegenden frührömischen Militärlagers in Dangstetten um 15 v. Chr. zu erwarten. Nach derzeitigem Kenntnisstand ist aufgrund des Münzspektrums auch ein früheres Ende um 50/40 v. Chr. möglich.

Breisach am Rhein

Siedlungen in Hochstetten und auf dem Münsterberg, Kreis Breisgau-Hochschwarzwald

VON HOLGER WENDLING

Vier Kilometer südwestlich des Kaiserstuhles erhebt sich der vulkanische Kegel des Breisacher Münsterberges und prägt mit seiner imposanten Höhe von bis zu 45 m die ihn umgebende flache Auen- und Niederterrassenlandschaft des Rheintals *(Abb. 86)*. Heute am rechten Ufer des benachbarten Stromes steil aus der Rheinaue herausragend, wurde er vor der Tullaschen Rheinkorrektion des 19. Jahrhunderts zweifellos auch auf seiner östlichen Seite von Alt- und Nebenarmen des mäandrierenden Rheins umflossen und so zusammen mit benachbarten Flussinseln seinem keltischen Namen *bri-siac* – der ‚Wasserbrecher' – durchaus gerecht.

Eine intensive mittel- und spätlatènezeitliche Besiedlung auf heutiger Breisacher Gemarkung konzentrierte sich seit Beginn des 2. Jahrhunderts v. Chr. ca. 1,5 km südwestlich des Berges im Gebiet der heutigen Teilgemeinde Hochstetten *(Abb. 87)*. Direkt am steilen Hochgestade des Rheins entstand eine unbefestigte protourbane Großsiedlung, die von der Lage am Kreuzungspunkt wichtiger Verkehrsachsen, dem Verlauf des Stromes und einem gut passierbaren Rheinübergang profitierte.

86 Imposant ragt der Breisacher Münsterberg aus der umgebenden Rheinaue auf und dominiert das angrenzende Siedlungsgebiet.

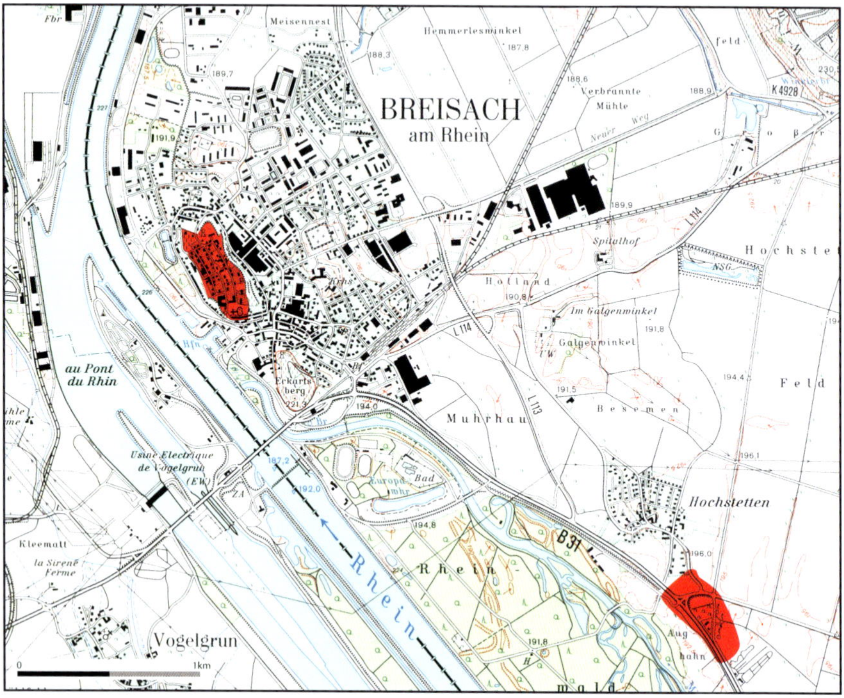

87 Lage der offenen Großsiedlung von Breisach-Hochstetten und der dieser zeitlich nachfolgenden Höhensiedlung auf dem Münsterberg.

Bislang konnten ca. 2,2 ha der Gesamtsiedlungsfläche, deren Ausdehnung sich ursprünglich auf mehr als 8 ha belaufen haben dürfte, ergraben werden. Eingetieft in die Schotter der Niederterrasse konnten zahlreiche Reste einer in Holzkonstruktion ausgeführten Bebauung freigelegt werden *(Abb. 88)*. Die innere Struktur der Siedlung war – nach bisherigem Kenntnisstand – regelhaft an Straßen und Wegen ausgerichtet, die durch Straßengräben flankiert wurden. Im bisher untersuchten Areal lagen entlang dieser Wegstrukturen offenbar gehöftartige Siedlungseinheiten, die durch Zäune oder Palisaden begrenzt waren. Innerhalb dieser Gehöfte, die die sozial-familiären und ökonomischen Grundeinheiten der gesamten Ansiedlung darstellten, waren wirtschaftliches Leben und Wohnfunktion kombiniert. Vorrats- und Abfallgruben sowie Pfostenlöcher sind Zeichen einer intensiven Bautätigkeit während eines Großteils des 2. Jahrhunderts v. Chr., d. h. im Laufe der archäologischen Zeitphasen Latène C2 und D1.

Funde einheimischer Keramik, Beispiele von Werkzeug oder Schmuck in Form von Glasarmringen oder Fibeln decken das gesamte Spektrum alltäglicher Bedürfnisse und Tätigkeiten ab. Daneben beleuchten zahlreiche mediterrane Importe italischer Weinamphoren und campanischer Geschirrkeramik – ein Fragment einer reliefverzierten so genannten calenischen

Schale ragt aus der Masse der Objekte heraus (→ s. *Abb. 46*) – eindrücklich die bedeutende Rolle als Warenumschlagplatz oder *emporion*, das zweifelsohne über einen wichtigen Flusshafen verfügte. Töpferöfen, Münzfunde und Tüpfelplatten lassen handwerkliche Aktivitäten und zentrale wirtschaftliche Funktionen der Hochstettener Siedlung erkennen, die offenbar in einem regen Austausch mit ländlichen Siedlungen des Umlandes, aber auch gleichartigen ‚frühstädtischen' Siedlungen des Oberrheingebiets und entfernterer Gegenden östlich des Schwarzwaldes stand.

Zu Beginn des 1. Jahrhunderts v. Chr. wurde die Ansiedlung aus bislang ungeklärten Gründen verlassen. Erst nach einer kurzen zeitlichen Unterbrechung ließ sich um 80/70 v. Chr. wieder eine Siedlungsgemeinschaft am Ort nieder, diesmal jedoch auf dem natürlich geschützten Plateau des Breisacher Münsterberges.

Dieses wurde vermutlich zusätzlich durch Fortifikationen befestigt und diente wohl vor allem der militärischen Sicherung des Umlandes und des Rheinüberganges. Zahlreiche Abfall- und Vorratsgruben sowie ein großflächiger, geschotterter Laufhorizont weisen eine Konzentration der Besiedlung im südlichen Plateaubereich aus. Die Schotterung, die dem besseren Vorankommen von Mensch, Tier und Wagen diente, ist Zeichen einer gezielten infrastrukturellen Gliederung der Siedlung. Aufgrund der Befunderhaltung lässt sich momentan jedoch nicht klären, ob es sich dabei um Reste von Wegen, Plätzen oder einzelner Hofstellen handelt.

Auch auf dem Münsterberg besteht das Gros des Fundmaterials aus einheimischer, oft scheibengedrehter Keramik *(Abb. 89)*. Ergänzt wird es durch Kleinfunde, wie Bronzefibeln oder eisernem Werkzeug. Italische Amphoren, campanische Feinkeramik und römische Töpferware aus dem südfranzösischen Raum belegen zahlreiche überregionale Kontakte *(Abb. 90)*, Münzfunde zeugen von wirtschaftlichen und händlerischen Aktivitäten. Durch den Fund eines Fehlbrandes ist die lokale Produktion von großen Vorratsgefäßen, so genannter *Dolien* nachgewiesen, die auch im Umland des Münsterberges ab-

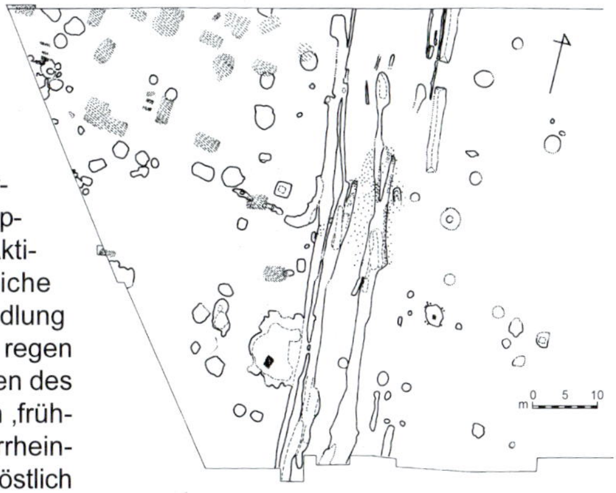

88 Breisach-Hochstetten. Zahlreiche Bodenstrukturen wie Pfostenlöcher und Gruben belegen eine intensive Bautätigkeit während der mittleren und späten Latènezeit.

89 Breisach-Münsterberg. Qualitätvolle einheimische Keramik des 1. Jhs. v. Chr.

90 Breisach-Münsterberg. Importfunde aus dem mediterranen Raum wie Weinamphoren, Krüge und campanische Feinkeramik belegen zahlreiche und weitreichende wirtschaftliche und soziale Kontakte.

gesetzt wurden. Auch die Verarbeitung von Eisen und Bronze gehörte nach Ausweis von Schlackefunden zum wirtschaftlich-handwerklichen Repertoire der Bewohner des Berges. Nach der römischen Eroberung Galliens kontrollierte das *castellum* mit einheimisch-keltischer Besatzung wohl im Auftrage Roms die Rheingrenze, wurde jedoch um 40/30 v. Chr. aufgegeben und – anders als der Basler Münsterhügel – nicht als römische Militärstation weitergenutzt. Erst nach einem Siedlungshiatus von mehr als 200 Jahren – während der mittleren und späten Kaiserzeit – sollte der *Mons Brisiacus* durch römisches Militär wiederbesetzt werden.

Die Befestigung auf dem Kegelriß bei Ehrenstetten

Gem. Ehrenkirchen, Kreis Breisgau-Hochschwarzwald

VON ROLF DEHN

Wenige Kilometer südlich von Freiburg befindet sich auf der Gemarkung Ehrenstetten eine mächtige Wallanlage, die sich bis vor kurzem noch nicht sicher zeitlich einordnen ließ. Die in ihrem Umriss in etwa trapezförmige Anlage liegt auf einem Ausläufer einer sich vom westlichen Schwarzwaldkamm herabziehenden Bergzunge, die von Südosten nach Nordwesten flach abfällt. Im Südwesten wird diese vom Norsinger Grund, im Nordosten vom Ehrenstetter Grund begrenzt, beides über 100 m tief eingeschnittene Bachtäler. Die Wallanlage nutzt eine flache Verbreiterung dieser Bergzunge, die nach Südosten zum Gebirgskamm nur mit einem schmalen Sattel verbunden ist. Sie liegt im Waldgewann Deichelwald, ist aber im Volksmund unter dem Namen Kegelriß bekannt, da hier der Überlieferung nach ein goldenes Kegelspiel gefunden worden sein soll.

Die Befestigung *(Abb. 91)* umschließt eine Fläche von etwa 16 ha. Im Bereich des flachen Sattels in Richtung Gebirge ist einem mächtigen Wall heute noch ein gut sichtbarer Graben vorgelagert. Bei der Nachuntersuchung eines alten Schnittes durch die Wallanlage ergab sich Klarheit über den Mauerbau *(Abb. 92)*. Die Befestigung wurde in reiner Holz-Erde-Technik ausgeführt. Ihre Mauerfront wurde durch in regelmäßigen Abständen eingegrabene mächtige senkrechte Pfosten gebildet, denen hölzerne Balken oder Bohlen hinterlegt waren. In der mächtigen, hinter der Front angelegten Schüttung aus Gneisverwitterungsschutt ließen sich aufgrund von Eisenausfällungen auch noch hölzerne Queranker nachweisen, mit deren Hilfe die senkrechte Front gesichert worden war. Nach Südwesten und Westen ist der hier teilweise nur noch als Terrasse erkennbare Wall steil bergab geführt, um eine auch heute noch selbst in heißen Sommern wasserführende Quelle einzuschließen. Es ist dies eine besonders in der jüngeren Latènezeit charakteristische Führung der Befestigung, die Nachteile bei der Verteidigung für eine gesicherte Wasserversorgung in Kauf nimmt. Der Steilhang dürfte hier auch die Funktion des Grabens übernommen haben. Auf dem flachen Rücken im Nordwesten, der leichter zugänglich war, ist dem noch gut sichtbaren Wall wieder ein ausgeprägter Graben vorgelagert. An der Nordostseite begleitet der Wall, wieder nur als Terrasse sichtbar, die Kante des Steilabfalles zum Ehrenstetter Grund. Trotz der guten Erhaltung der Wallanlage ist an keiner Stelle gesichert eine Toranlage nachzuweisen. Da aber an verschiedenen Stellen mittelalterliche Wegesysteme und an zwei Stellen moderne Forstwege die Anlage stören, dürfte die notwendige Toranlage in diesen Bereichen zu suchen sein.

Systematische Untersuchungen in Teilbereichen der Innenfläche haben bisher noch nicht stattgefunden. Die Datierung der Befestigung in die jüngere Latènezeit aufgrund der charakteristischen Wallführung konnte jedoch inzwischen durch die Prospektionsergebnisse eines ehrenamtlichen Mitarbeiters bestätigt werden.

Neben wenigen Kleinfunden, darunter zeittypische Fragmente italischer Bronzegefäße, sind es vor allem die etwa 60 keltischen Münzen, die den Zeitansatz in die

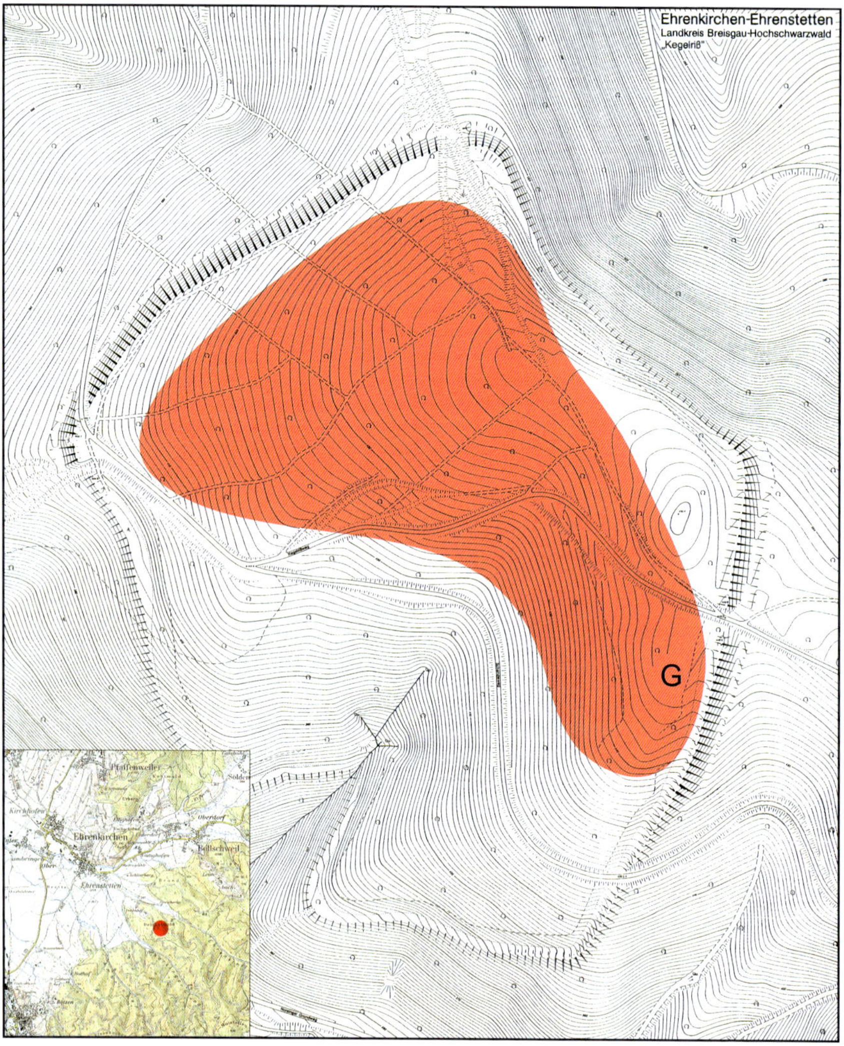

91 Plan der Befestigung. Das wahrscheinliche Siedlungsareal ist rot markiert, die Fundstelle der Gussreste mit G gekennzeichnet.

Stufen Latène C/D1 (ca.150-80 v. Chr.) bestätigen. Von besonderem Interesse sind Bronzegussreste, die sich konzentriert an einer Stelle fanden und nahe legen, dass bestimmte Typen keltischer Bronzemünzen hier hergestellt wurden *(Abb. 93)*. Die Streuung der Kleinfunde konzentriert sich auf die ebenen Flächen innerhalb der Befestigung und zeigt an, dass die eigentliche Siedlung etwa 6 ha des Innenraumes eingenommen hat.

Die Befestigungsanlage Kegelriß liegt im Bereich des Grundgebirges, deutlich abgesetzt vom Altsiedelland mit seinen fruchtbaren, landwirtschaftlich nutzbaren Flächen. In unmittelbarer Nachbarschaft stehen allerdings reiche Silber- und Antimonvorkommen an. Durch Bodenanalysen konnten in einem verlandeten Möhlinarm unterhalb des Kegelrisses auf der Gemarkung Kirchhofen ein deutlich überhöhter Schwermetallanteil nachgewiesen werden. Daher ist damit zu rechnen, dass Abbau und Verhüttung dieser Erze den wirtschaftlichen Hintergrund der Siedlung darstellten.

Aufgrund einer örtlichen Überlieferung ist auch daran zu denken, dass der so genannte „Goldfund von Saint-Louis bei Basel“ (→ s. Nick, Goldfunde), der aus Goldringen und zahlreichen keltischen Goldmünzen bestand, im Umfeld des Kegelrisses gefunden worden ist.

93 Auswahl der sehr gut erhaltenen Bronze- und Silbermünzen.

92 Schnitt durch den Wall.

Das Oppidum Tarodunum bei Kirchzarten

Kreis Breisgau-Hochschwarzwald

VON ROLF DEHN

Im Dreisamtal östlich von Freiburg befindet sich auf den Gemarkungen Buchenbach und Kirchzarten eine ausgedehnte Befestigungsanlage *(Abb. 94-95)*. Schon seit dem frühen 19. Jahrhundert wird diese zu Recht mit dem von dem Geographen Ptolemaios aus Alexandria (um 150 n. Chr.) überlieferten „Tarodunon" gleichgesetzt. Dieser Name ist auch in dem der Gemeinde Zarten überliefert, der in einer St. Galler Urkunde 765 n. Chr. erstmals als „Zarduna" genannt wird. Die Anlage ist damit die einzige keltische Siedlung in Südwestdeutschland, von der wir gesichert den antiken Namen kennen.

Die Befestigung nutzt die natürliche Schutzlage eines lang gezogenen Dreiecks der Niederterrasse, das durch die Quellflüsse der Dreisam, den Rotbach und den Wagensteigbach bis zu 15 m hoch aus den diluvialen Schottern herausmodelliert worden ist. Sie umschließt ein Areal von fast 200 ha. Die Befestigungsmauer saß unmittelbar auf den Terrassenkanten, die steilen Bö-

94 Die Befestigung liegt in geschützter Lage im Mündungsdreieck im Osten des Dreisamtales (w), während die unbefestigte Siedlung (o) nach allen Seiten offen in dessen Zentrum angelegt wurde.

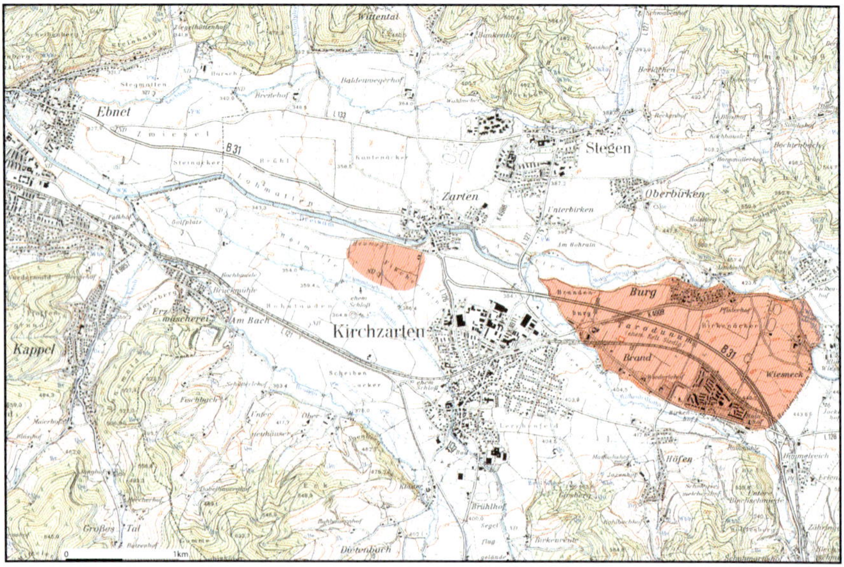

schungen zu den Bächen dienten als natürliche Gräben. Die verstürzte Mauer ist teilweise noch als wallartige Erhebung an der Terrassenkante erkennbar *(Abb. 96)*. Nach Südosten, in Richtung Schwarzwald, wurde die Niederterrasse durch eine in der Mitte stumpf abgewinkelte Mauer abgeschnitten. Die auch hier noch heute als wallartige Erhebung sichtbare Befestigung trägt im Volksmund die Bezeichnung „Heidengraben".

Eine bereits 1901 durchgeführte Untersuchung der Knickstelle des Heidengrabens konnte, wenn wir die überlieferten Zeichnungen richtig interpretieren, offensichtlich eine Toranlage in der Form eines so genannten Zangentores nachweisen. Hierbei wird die Mauer zu beiden Seiten der Torgasse noch nach innen geführt. Somit kann das innen liegende Tor von zwei Seiten besser überwacht und verteidigt werden. Weitere Tore lassen sich heute nicht mehr nachweisen. Diese sind bei über 6 km Mauerlänge durchaus zu erwarten, aber offensichtlich infolge moderner Störungen heute nicht mehr erkennbar. Die ursprüngliche Konstruktion der Befestigungsmauer konnte 1987 durch eine Grabung ebenfalls im Heidengraben geklärt werden. Die Mauer ist in einer Variante des von Caesar überlieferten „*murus gallicus*" erbaut worden, bei der hinter der aus Steinen errichteten Mauerfront zu deren Stabilisierung ein durchgehendes Holzrahmenwerk von 2,70 m Seitenlänge errichtet wurde, dessen Eckpunkte mit 22 cm langen Eisennägeln fixiert wurden *(Abb. 99)*. Das Rahmenwerk wurde zum Abschluss von der Mauer nach innen abfallend mit Erde verfüllt. Die Grabung ergab auch Hinweise, dass die Befestigung nicht fertig gestellt worden ist *(Abb. 97-98)*.

95 Luftaufnahme des Dreisamtales von Osten mit Einzeichnung der Befestigung (1) und der Siedlung (2). Am oberen Bildrand die Vororte Freiburgs.

96 Die verstürzte Mauer ist im Bereich der Randbefestigung vielfach noch deutlich als Wall zu erkennen.

97 Bei einer Grabung 1931 auf einem Grundstück im Bereich des Randwalles konnte ein eindrucksvoller Teil der Mauerfront freigelegt werden.

98 Aufsicht auf die freigelegte Mauerfront, die deutlich zeigt, dass nur ein etwa 1m breiter Teil der Front aus Stein aufgesetzt war.

99 Die Eckpunkte des hinter der Mauerfront angelegten Holzrahmenwerks waren mit vierkantigen 22 cm langen Eisennägeln fixiert. Originalfunde aus der Grabung von 1901.

Trotz jahrzehntelanger Begehungen durch ehrenamtliche Mitarbeiter und intensive Überwachung aller Baumaßnahmen innerhalb der Wallanlage durch die amtliche Denkmalpflege konnte innerhalb der Befestigung keine zugehörige Großsiedlung nachgewiesen werden. Diese wurde erst 1987 knapp 1 km westlich am Ortsrand von Zarten entdeckt. Oberflächenfunde belegen hier ein knapp 14 ha großes Siedlungsgelände. Fragmente von Keramik, darunter von importierten Gefäßen aus feuerfestem Graphitton, zahlreiche Scherben italischer Weinamphoren von Typ Dressel 1A, über 250 Bruchstücke von Glasarmringen *(Abb. 100)* und knapp 130 keltische Münzen sichern eine Datierung dieses Siedlungsareals in den Zeitraum Latène C/D1 (ca. 150-80 v. Chr.) ab. Unter den Münzen befinden sich auch vier keltische Nachbildungen so genannter PHILIPPOU-Statere (ΦΙΛΙΠΠΟΥ). Gussreste und ein Schrötling in identischer Metallzusammensetzung belegen sogar die Herstellung dieser Goldmünzen am Ort.
Der wirtschaftliche Hintergrund dieser Siedlung dürfte einerseits in ihrer Lage am Ausgangspunkt einer wichtigen Verbindung über den Schwarzwald nach Osten zu sehen sein, andererseits ist durchaus davon auszugehen, dass die reichen Silbervorkommen des Schauinslandreviers von den Bewohnern bereits erkannt und genutzt wurden. Mehrere kleinere Siedlungen gleicher Zeitstellung im Dreisamtal deuten an, dass die Versorgung der Großsiedlung mit landwirtschaftlichen Gütern auch über diese abgesichert gewesen sein kann.

100 Bis heute hat sich die Leuchtkraft des in Tarodunum hergestellten Glasschmuckes erhalten.

Mit Bestimmtheit lässt sich das Verhältnis der neu entdeckten Großsiedlung zu der Befestigung nicht klären. Die unmittelbare Nachbarschaft schließt eine Deutung der Befestigung als Refugium wohl aus. Denkbar erscheint allerdings, dass zu einem bestimmten Zeitpunkt des Bestehens der Siedlung ein erhöhtes Sicherheitsbedürfnis bestand, das den Bau einer schützenden Befestigung nahe legte. Zur Fertigstellung der Befestigung und Verlagerung der Siedlung ist es dann aber nicht mehr gekommen.
Die gesamte Anlage ist heute der interessierten Öffentlichkeit durch den beschildeten „Tarodunumweg" erschlossen, zu dem auch ein Flyer bei der Tourist Info der Gemeinde Kirchzarten erhältlich ist.

Mengen – eine keltische Viereckschanze am Oberrhein

Gem. Schallstadt-Wolfenweiler, Kreis Breisgau-Hochschwarzwald

von Saskia Dornheim

Die fruchtbaren Lössböden in der Umgebung des kleinen Ortes Mengen boten bereits für die ersten sesshaft werdenden Menschen dieser Region eine günstige Siedlungsgrundlage. So wundert es auch nicht, dass es in diesem Gebiet für fast jede der ur- und frühgeschichtlichen Epochen seit dem Neolithikum Hinweise auf Siedlungstätigkeit in Form von Siedlungsbefunden, Bestattungen sowie einer großen Zahl an Lesefunden gibt.

Neben den idealen naturräumlichen Bedingungen liegt dieses mit Sicherheit auch am vergleichsweise guten Forschungsstand, der durch regelmäßige Feldbegehungen und geomagnetische Prospektionen sowie archäologische Ausgrabungen während der letzten Jahrzehnte erreicht wurde.

Eine der jüngsten Grabungen in dieser Mikroregion, am Fuß der sog. Mengener Brücke, die im Sommer 2004 in der Gemarkung Abtsbreite ca. 700 m westlich des Ortsrandes von Mengen stattfand *(Abb. 101)*, erbrachte neben Hinweisen auf ausgeprägte Siedlungsaktivitäten zu Zeiten des Frühneolithikums (Linearband-

101 Bei dem westlich von Mengen gelegenen Graben-Wall-System handelt es sich bisher um die erste sicher nachgewiesene keltische Viereckschanze am südlichen Oberrhein.

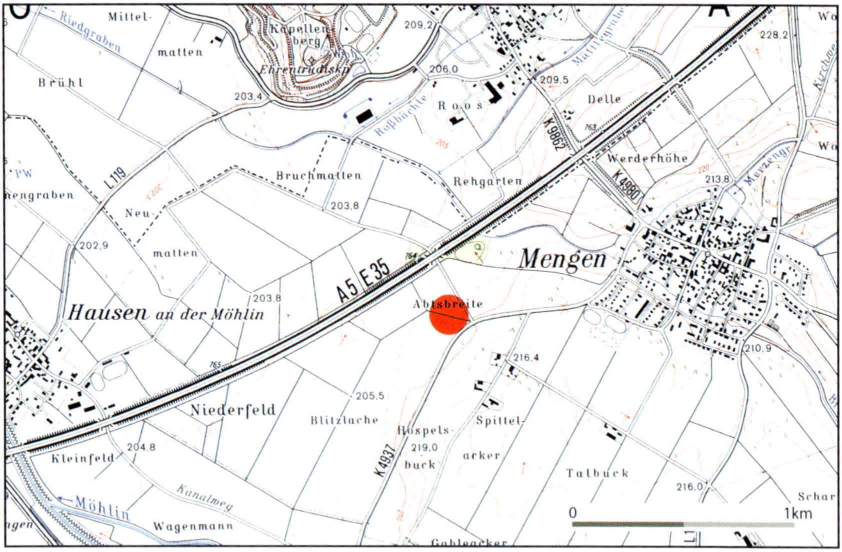

keramik) den Befund einer keltischen Viereckschanze. Es handelt sich hierbei um Anlagen der späten Latènezeit (ca. 150 bis 15 v. Chr.), die durch ein quadratisch-rechteckiges Graben-Wall-System charakterisiert werden. Die keltischen Viereckschanzen wurden lange Zeit, v.a. aufgrund sog. Opferschächte, bei denen es sich jedoch zumeist auch um Brunnenschächte gehandelt haben kann, als kultisch genutzte Anlagen gedeutet. Durch die Ergebnisse neuerer Grabungen sowie der Tatsache, dass viele Viereckschanzen im Bereich fruchtbarer Böden lagen, gibt es in den letzten Jahren mehr und mehr die Tendenz, sie als Teil einer Dorfsiedlung zu sehen – möglicherweise als Hof einer Person in gehobener Stellung.

Der Mengener Befund, der sich bereits in einer im Frühjahr 2004 durchgeführten geomagnetischen Prospektion andeutete, wurde im Laufe der Grabung in einem kleinen Teilbereich untersucht *(Abb. 102)*. Für den Breisgau handelt es sich um die erste sicher nachgewiesene keltische Viereckschanze.

Aufgrund der starken Erosion der Lössböden, wie sie im gesamten Oberrheingebiet beobachtet werden kann, hat sich in Mengen lediglich der untere Teil des Grabens erhalten, während der ursprünglich vorhandene Wall sowie zu erwartende Spuren der Innenbebauung – zumindest im Bereich des bisher untersuchten Abschnittes – nicht vorhanden waren. Gut erhaltene keltische Viereckschanzen weisen im Innenbereich Befunde auf, die es erlauben, auf eine Innenbebauung zu schließen. In der Regel handelt es sich hierbei um ein größeres Haus, das sich gegenüber dem Eingang der Anlage befindet. Umgeben wird dieses meist von kleineren Gebäuden. Dennoch erbrachten die Untersuchungen in Mengen interessante Funde und Befunde.

103 Schnitt durch den Umfassungsgraben in Mengen. Deutlich erkennbar sind die Reste eines Pfostens.

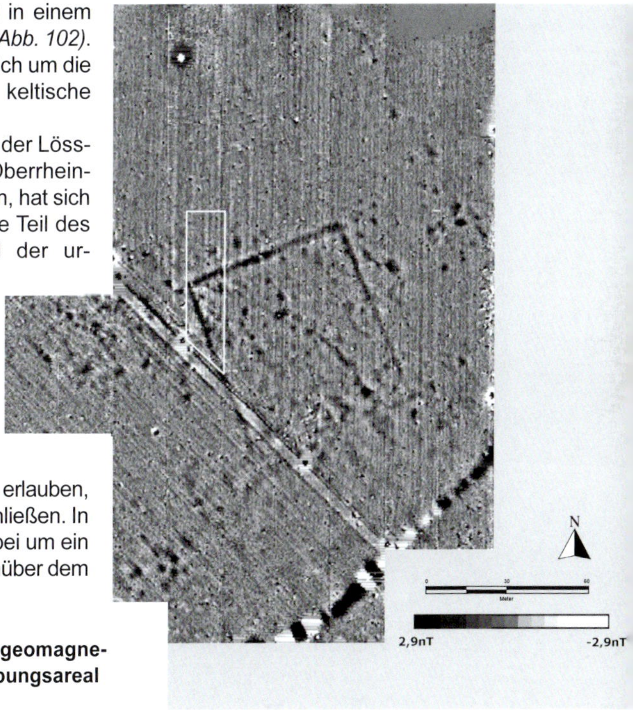

102 Mengen. Ergebnisse der geomagnetischen Prospektion. Das Grabungsareal ist weiß umrandet.

Beim Graben handelt es sich – anders als bei den meisten bisher beobachteten Viereckschanzen – nicht um einen Spitzgraben, sondern um einen Sohlgraben *(Abb. 103)*.

104 Grabungsplan mit dem Ausschnitt der Nordwestecke der Viereckschanze von Mengen und den frühneolithischen Gruben.

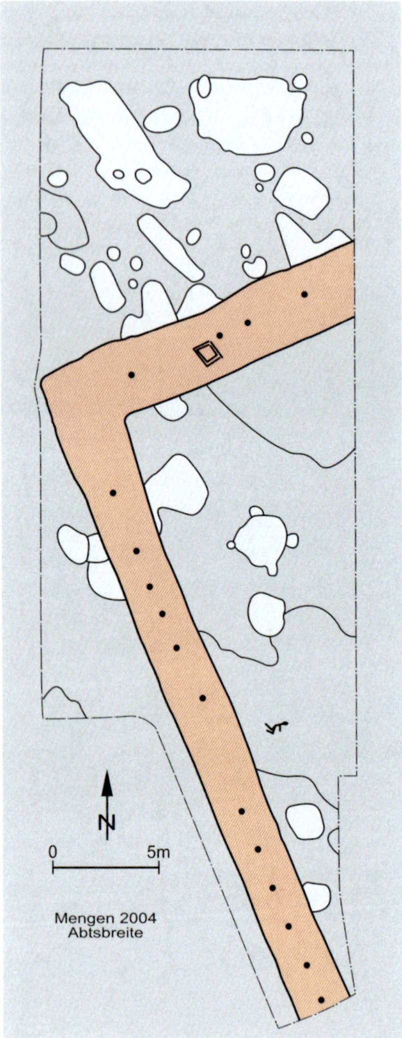

An der Grabensohle konnten in regelmäßigen Abständen Pfostenstandspuren festgestellt werden *(Abb. 104)*, wobei die Funktion dieser dünnen, in Mengen erstmals in dieser Position erfassten Pfosten noch völlig unklar ist. Einige der durch den Graben gelegten Profile weisen darauf hin, dass die Pfosten gesetzt wurden, als der Graben bereits wieder etwa zur Hälfte verfüllt war.

Bei den Funden aus der Grabenverfüllung handelt es sich primär um spätlatènezeitliche Keramik. Hierbei findet sich neben Grobkeramik – vor allem Töpfe mit Grübchenverzierung oder Kammstrichware – eine auffällig große Menge an feiner Ware (zum Beispiel glatte Drehscheibenware und bemalte Keramik). Darunter sind auch mit Netzlinien bemalte Scherben, die Parallelen zum Fundort Basel-Gasfabrik (→ s. Spichtig, BS-Gasfabrik) aufweisen. Das Formenspektrum erstreckt sich von Töpfen und Schüsseln bis zu bemalten „Tonnen“. Hervorzuheben sind mehrere Fragmente italischer Amphoren der Form Dressel 1A. Außerdem fanden sich meh-

105 Fundensemble der Spätlatènezeit aus der Viereckschanze von Mengen: 1 spätlatènezeitlicher Topf mit Grübchenverzierung; 2 Fragment einer „Tonne“ mit Netzlinienbemalung auf rot grundiertem Ton, darüber weißes Feld; 3 italische Amphore des Typs Dressel 1A

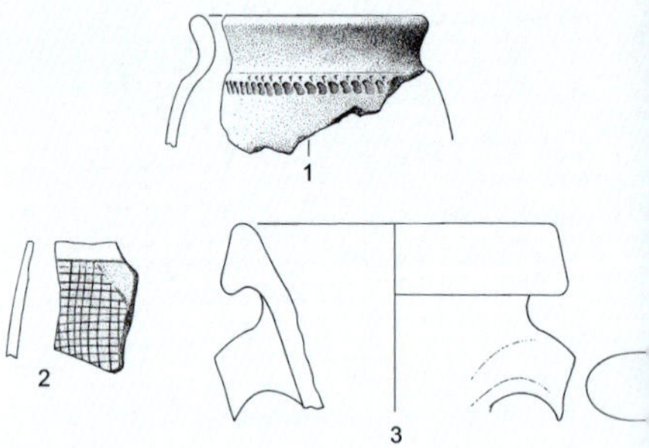

106 Holzverschalung der mittellatènezeitlichen Brunnenstube aus der Zeit um 165 v. Chr. aus Mengen.

rere Eisenteile und Kleinfunde aus Bronze ganz unterschiedlicher Zeitstellung, Reste von Eisenschlacke sowie eine größere Menge an Tierknochen *(Abb. 105)*. Das latènezeitliche Fundmaterial kann der Stufe D1 zugewiesen werden und entspricht damit dem zeitlichen Schwerpunkt der keltischen Viereckschanzen.

Ein Teil der verzierten Keramik sowie die Fragmente der italischen Amphoren belegen Kontakte mit südlich gelegenen Regionen; zum einen zum Hochrhein, zum anderen nach Italien.

Ein weiterer interessanter Befund zeichnete sich in Mengen bereits im Planum ab und wurde hier durch den Graben der Viereckschanze gestört. Es handelt sich um einen latènezeitlichen Brunnen mit einer hölzernen Brunnenstube *(Abb. 106)*. Das Holz ist aufgrund des auch heute noch recht hohen Grundwasserspiegels in diesem Gebiet nicht vergangen, sondern hat sich – anders als der Großteil organischer Funde und Befunde aus urgeschichtlicher Zeit – bis heute erhalten.

Laut dendrochronologischer Untersuchungen kann der Brunnen an das Ende der mittleren Latènezeit datiert werden (165 ± 10 BC). Er weist somit auf eine latènezeitliche Vorgängerbesiedlung an diesem Fundplatz hin.

Insgesamt deutet sich eine Dreiphasigkeit der latènezeitlichen Nutzung des Fundplatzes an: nach einer mittellatènezeitlichen Besiedlung, angezeigt durch den Brunnen, kam es zur Errichtung einer keltischen Viereckschanze. Zu einem Zeitpunkt, an dem der Graben bereits wieder teilweise verfüllt war, wurden in ihm Pfosten eingetieft. Der genaue zeitliche Abstand zwischen dieser dritten Phase und der Anlage des Grabens, sowie die Funktion der erwähnten Pfostenreihe sind bisher nicht zu klären.

Die offene Großsiedlung von Riegel

Kreis Emmendingen

von Rolf Dehn

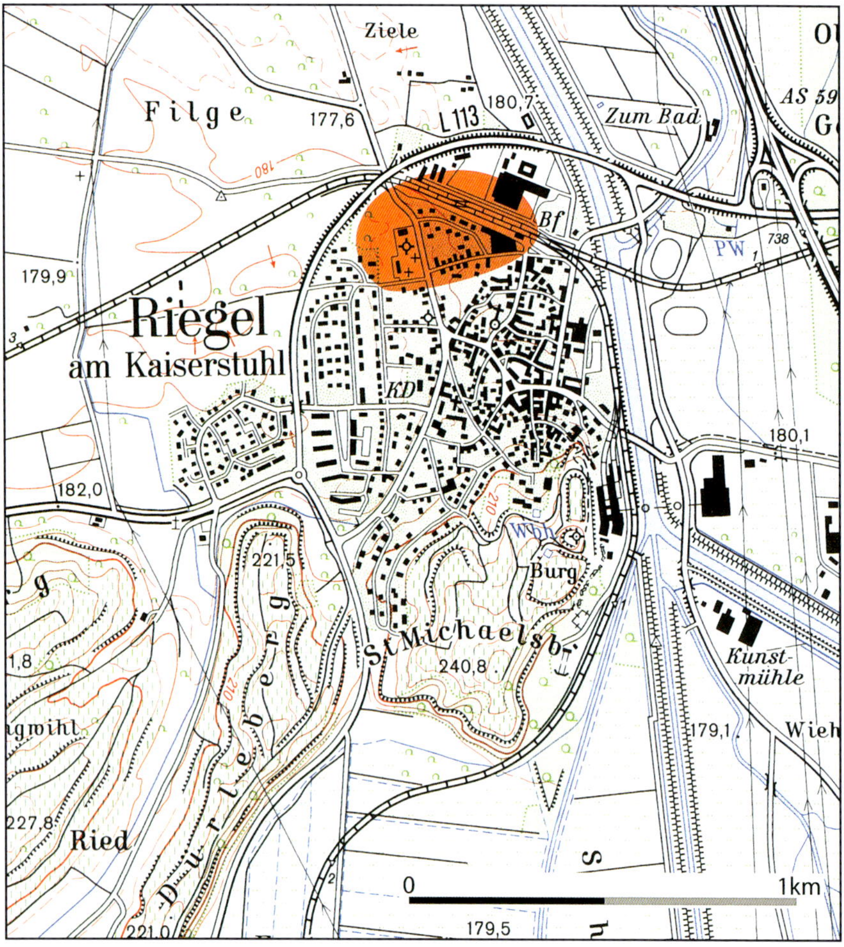

107 Auf Grund verschiedener Einzelbeobachtungen kann das sich auf 400m entlang der Elz erstreckende Areal der offenen Siedlung von Riegel (rot markiert) erschlossen werden.

Aufgrund zahlreicher Einzelbeobachtungen in Baugruben und bei Plangrabungen kann es als gesichert angesehen werden, dass in Riegel eine unbefestigte Großsiedlung der jüngeren Latènezeit bestanden hat. Wenn man die verschiedenen Einzelnachweise auf dem Riegeler Gemarkungsplan kartiert, wird deutlich, dass diese Siedlung sich mindestens auf 350 m Länge und etwa 150 m Breite am Hochgestade der früher schiffbaren Elz erstreckt hat. Sie nutzt hier die verkehrsgeographische Lage im Schnittpunkt weit reichender Verkehrsverbindungen an der „Riegeler Pforte" genannten Engstelle zwischen nordöstlichem Kaiserstuhl und der Vorbergzone *(Abb. 107)*.

109 Die Brennkammer des Ofens war mit zahlreichen Fehlbränden scheibengedrehter Feinkeramik verfüllt.

108 Im Jahr 2001 konnte im Randbereich der Siedlung ein doppelzügiger Töpferofen freigelegt werden.

Beim Bau eines Panzergrabens 1944 nördlich des Bahnhofs Riegel-Ort konnten zum ersten Mal zahlreiche jüngerlatènezeitliche Funde auf einer Strecke von 80 m Länge geborgen werden. Schon bei der ersten Vorlage dieser Funde wurde der Verdacht geäußert, dass sich im Riegeler Boden noch eine Großsiedlung der jüngeren Latènezeit verbergen würde. Dies konnte jedoch erst 2001 durch die umfangreichen Grabungen im Zusammenhang mit dem Bau der neuen Turn- und Festhalle am Fronhofbuck bestätigt werden. Unter dem Schutz der mächtigen Kiesschicht der nördlichen römischen Ausfallstraße hatten sich zahlreiche Strukturen der latènezeitlichen Siedlung erhalten. So ließen sich verschiedene Grubenhäuser, Sechspfostenspeicher und Teile einschiffiger lehmverputzter Holzhäuser nachweisen. Der Nachweis eines Töpferofens *(Abb. 108)* mit gegenständigen Bedienungs- und Feuerungsgruben in diesem Bereich legt nahe, dass man sich hier schon im Randbereich der Siedlung befindet, da derartige Betriebe wegen der Feuergefahr nie im Zentrum einer Siedlung angelegt wurden. Die im Brennraum des Ofens gefundenen Fehl-

110 Die 27 Goldmünzen des Münzschatzes mit dem Gefäß, in dem sie vergraben worden waren.

brände von Feinkeramik geben einen guten Einblick in die Produktpalette des Töpfers *(Abb. 109)*.

Zahlreiche Kleinfunde, darunter neben dem bekannten Münzspektrum und Exemplaren einer geschüsselten, geprägten Bronzemünze, die bisher nur aus Riegel bekannt ist und daher als Typ Riegel bezeichnet werden kann, sichern die Datierung der Siedlung in die Stufen Latène C/D 1 ab, was wiederum in etwa der Zeitspanne zwischen 150-80 v. Chr. entspricht. Ein geradezu sensationeller Fund fand sich bei dieser Grabung in nur 0,15 m Tiefe in der keltischen Kulturschicht. Außerhalb der nachgewiesenen Hausgrundrisse kam hier ein Münzschatzfund von 27 Goldmünzen *(Abb. 110)* zutage. Die Münzen waren ursprünglich in einem kleinen scheibengedrehten Gefäß vergraben worden, welches offensichtlich noch vor Anlage der römischen Straße vom Pflug getroffen wurde. Elf Münzen blieben hierbei im Gefäß, während 16 Stücke in eine Richtung verzogen wurden. Bei allen Münzen handelt es sich um prägefrische keltische Nachahmungen des Staters Philipp II. von Makedonien (→ s. Burkhardt, Münzen), die, wie die Analyse nahe legt, in *Tarodunum* (→ s. Dehn, Tarodunum) hergestellt worden sein könnten. Der Grund der Niederlegung dieses auch in der damaligen Zeit außerordentlich wertvollen Schatzes wird uns wohl verborgen bleiben. Handelt es sich um ein Opfer oder hat sein Besitzer diesen Schatz in unruhigen Zeiten verborgen und keine Möglichkeit mehr gehabt, ihn zu bergen?

Sasbach am Kaiserstuhl

Siedlungen auf und im Umfeld des Limberges, Kreis Emmendingen

VON HOLGER WENDLING

Der Limberg bei Sasbach, ein sich ca. 90 m über der Rheinebene erhebender, von Löss überdeckter, langovaler vulkanischer Höhenrücken, liegt vor dem nordwestlichen Ausläufer des Kaiserstuhles am rechten Ufer des Rheins *(Abb. 111)*. Vor dessen Korrektion im 19. Jahrhundert umfloss dieser den Fuß des Berges an seiner Süd-, West- und Nordseite und stellte somit ein ideales natürliches Annäherungshindernis dar. Seine beherrschende Lage oberhalb der Flussübergänge am Schnittpunkt der Verkehrsachse des Rheins und einer in römischer Zeit ausgebauten Ost-West-Verbindung begründen seine verkehrstopographische und strategische Bedeutung *(Abb. 112)*.

Die im Rahmen der modernen Flurbereinigung durchgeführte Umgestaltung des Berges führte zu einem erheblichen Verlust archäologischer Substanz, so dass nur relativ geringe Spuren einer vermutlich intensiven Besiedlung festgestellt werden konnten. Am nördlichen Rand des Limberges sind bis heute die wallartigen Reste einer spätlatènezeitlichen Abschnittsbefestigung zu erkennen, die wohl als Pfostenschlitzmauer mit vorgelagertem Graben zu rekonstruieren ist *(Abb. 113)*. Ihre Gefache waren mit Bohlen ausgefüllt, die Rückseite der hölzernen Front mit Erd- und Steinmaterial hinterfüllt. Die steil abfallenden Bergkanten im Osten, Süden und Westen waren durch weniger massive Randbefestigungen geschützt.

Im Innenraum der Kleinbefestigung wurden Vorrats- und Abfallgruben, Grubenhäuser, Pfostenlöcher und Gräbchenstrukturen aufgedeckt, die eine gleichmäßige Besiedlung erkennen lassen. Italische Weinamphoren zeugen vom Import mediterraner Luxusgüter und liefern zusammen mit den Fragmenten einheimischer Keramik einen Datierungsrahmen, der die archäologischen Zeitstufen Latène D1 und D2, d. h. den ungefähren Zeitraum zwischen 150 und 40/30 v. Chr. umfasst. Einige wenige Münzfunde und Bronzefibeln werfen neben der Keramik ein schwaches Licht auf die wirtschaftlichen und andere alltägliche Aktivitäten der Bewohner des Limberges. Wahrscheinlich darf auch hier, wie beim Breisacher Münsterberg und dem Basler Münsterhügel, mit einer stark militärisch orientierten Nutzung des Ortes gerechnet werden. Die auf dem wenige Kilometer südlich gelegenen Breisacher Münsterberg (→ s. Wendling, Breisach)

111 Der die Landschaft dominierende Limberg bei Sasbach kontrollierte in der Spätlatènezeit wichtige Rheinübergänge und Verkehrsrouten.

hergestellten scheibengedrehten *Dolien* – Leitform der Stufe Latène D2 – liegen auf dem Limberg in Form grobkeramischer Imitationen vor. Eine genaue absolutchronologische Eingrenzung der Siedlung ist problematisch, lediglich das Ende der einheimisch-keltischen Besiedlung ist möglicherweise näher zu fassen.
Im Zuge der augusteischen Eroberung des Voralpenraumes wurde vermutlich im zweiten Jahrzehnt v. Chr. auf dem Limberg ein römischer Militärposten angelegt, von dem Spuren der mit Türmen versehenen hölzernen Lagerumwehrung aufgedeckt wurden. Es ist vorstellbar, dass das Ende der keltischen Besiedlung und die teilweise Niederlegung ihrer Befestigungsanlagen in Zusammenhang mit dieser Okkupation

113 Reste der spätkeltischen Befestigungsma die den Limberg im Norden abriegelte, sind au heute noch als wallartige Erhebung in der Lan schaft zu erkennen.

112 In der Ebene nordöstlich der Siedlungsfläche auf dem Limberg wurden vereinzelte Reste weiterer Siedlungstätigkeit (rot markiert) gefunden.

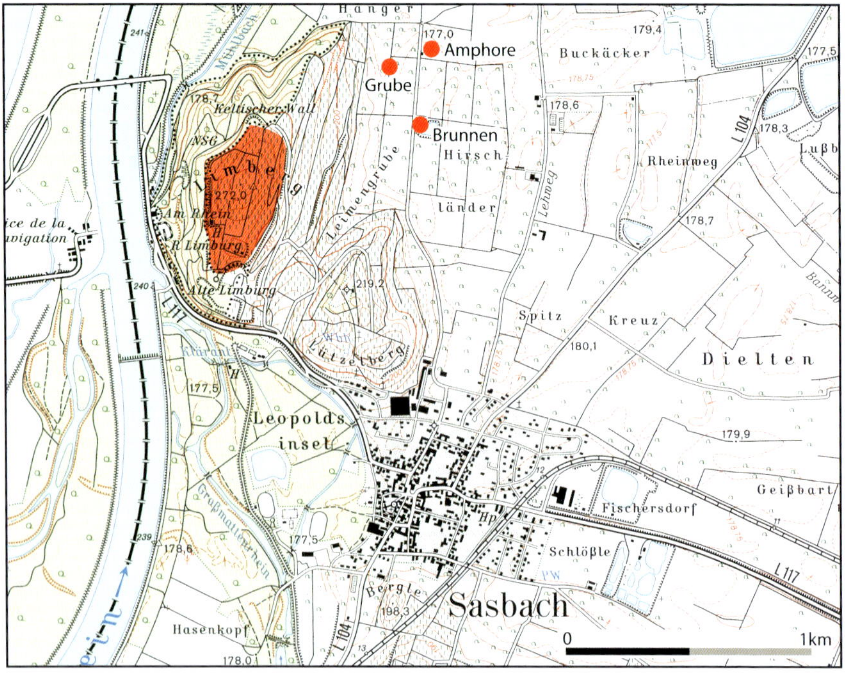

stehen. Vermutlich war der Limberg zu dieser Zeit bereits verlassen und seine keltische Befestigung hatte ihre ursprüngliche Schutzfunktion verloren.
In der Rheinebene, dem Limberg nordwestlich vorgelagert, fanden sich in den Gewannen ‚Schafläger' und ‚Hirschländer' vereinzelte Reste einer spätkeltischen Besiedlung. Eine Grube und ein Brunnen enthielten datierendes Keramikmaterial; im Brunnenschacht gefundene Dolienfragmente zeigen dessen Verfüllung in der Stufe Latène D2, irgendwann zwischen den Jahren 80/70 und 40/30 v. Chr. an *(Abb. 112)*. Die räumliche Distanz zwischen den Befunden lässt jedoch nicht auf eine großflächige geschlossene Besiedlung schließen, ihr zeitliches und funktionales Verhältnis zur Befestigung auf dem Limberg ist bislang nicht eindeutig zu klären.

Eine spätlatènezeitliche Siedlung in Sierentz

VON JEAN-JACQUES WOLF

Auf halbem Wege zwischen Basel und Mulhouse liegt auf einer Niederterrasse des Oberrheins am Fuß der Anhöhen des östlichen unteren Sundgaues die Flachlandssiedlung von Sierentz.
Gefährdet durch Sandgruben und ein Gewerbegebiet wurden zwischen 1977 und 1996 mehr als drei Hektar der Ansiedlung freigelegt und archäologisch untersucht. Die Siedlungsspuren auf 20 Hektar Fläche reichen bis in das Altneolithikum zurück und enden mit der gallo-römischen Epoche. Darunter fand sich eine ausgedehnte Besiedlung aus der Spätlatènezeit *(Abb. 114-115)*.
Die spätlatènezeitliche Ansiedlung erstreckt sich auf beiden Seiten der schon vor der römischen Zeit bestehenden Wegverbindung von der Rhone zum Rhein, dem so genannten „Hochstraessle" *(Abb. 116-117)*. Innerhalb eines rechteckigen Areals von 120 x 209 m liegen mehrere umfrie dete Bezirke, die eventuell nach einem bestimmten Plan angeordnet sind. Außerhalb dieses zentralen Siedlungsareals gibt es einige vereinzelte Siedlungsspuren.
Ein seit der Nacheiszeit bis zur Hallstattzeit bestehender alter Bachlauf scheint in der Spätlatènezeit nur noch sporadisch Wasser geführt zu haben. Im Lauf des Spätlatènes verlagerte der Bach sein Bett nach Osten und das Gelände wurde trockengelegt.

114 Die Rettungsgrabung von Sierentz im Jahre 1987. Zu sehen sind die bandkeramische Siedlung, endbronzezeitliche Gruben, Einfriedung und Töpferofen LT III und ein Teil des gallo-römischen Vicus von Sierentz-Landstrasse.

Gleich zu Beginn der spätlatènezeitlichen Ansiedlung wurde das Gelände auf über zwei Hektar planiert und eingeschottert. Wie in Basel findet man auch hier eine Reihe von Bereichen einer Pflasterung aus großen Flusskieseln.

Das viereckige Areal wird von mehreren Sohlgräben unterschiedlicher Breite und Tiefe durchzogen *(Abb. 118)*. Die Breite der größeren Gräben variiert zwischen 1,50 und 1,20 m.

Die einzig mögliche Interpretation für diese Gräben ist die Abgrenzung von Arealen mit wahrscheinlich unterschiedlichen Bedeutungen.

Die Form der umfriedeten Bezirke – abgesehen von wahrscheinlichen Umbauphasen – ähnelt sehr stark Luftbildbefunden, die als Gebäude oder regionaltypische Bauernhöfe angesprochen wurden. Diese Interpretation ist aber für Sierentz nicht völlig zufriedenstellend.

115 Übersichtskarte mit der Lage von Sierentz

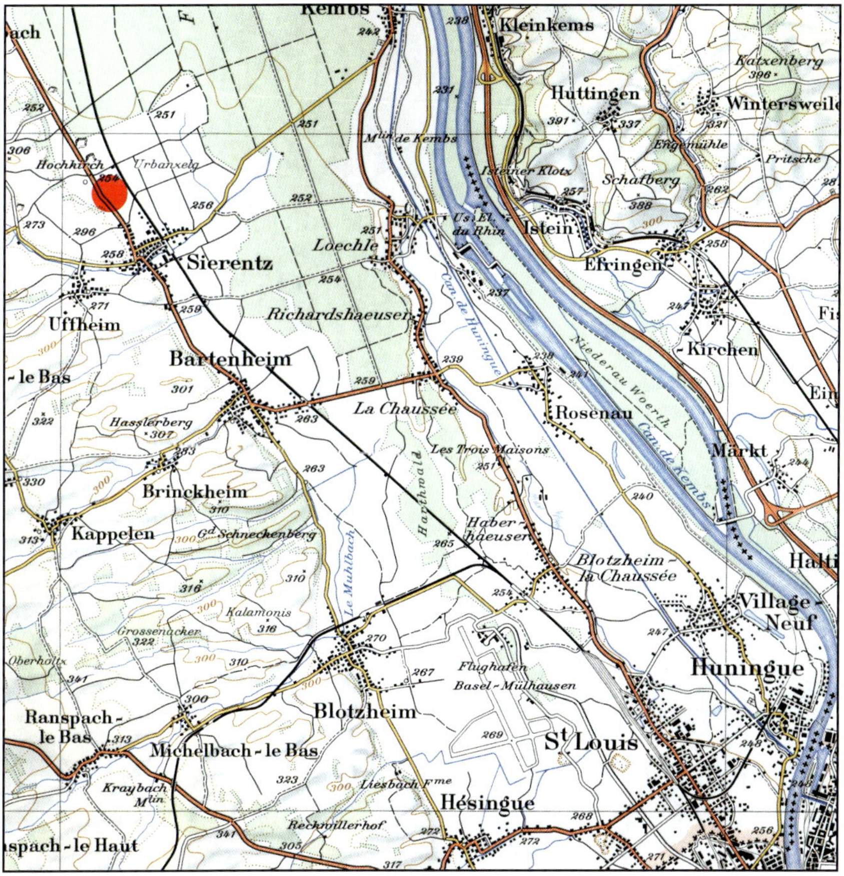

Obwohl große Flächen untersucht worden sind, konnten auf Grund der starken Erosion in der Zeit der gallo-römischen Besiedlung keine Gebäudegrundrisse rekonstruiert werden. Dies erschwert die Deutung der Funktion der umfriedeten Bezirke.

116 Karte mit der Lage der Siedlung von Sierentz. 1. Antike Straße von Mandeure nach Kembs; 2. Antike Straße von Augst nach Horbourg; 3. Vor- und frühgeschichtliche und gallo-römische Siedlung von Sierentz-Hochkirch; 4. Die spätlatènezeitliche Siedlung von Sierentz.

Einige Pfostenbauten und Töpferöfen der Zeitstellung Latène D2, die außerhalb der umfriedeten Bezirke liegen, müssen diesem Komplex zugerechnet werden. Abgesehen von einer einzigen Abfallgrube und einigen Vertiefungen, sind hier große Gruben, wie sie zahlreich in Basel und auch in Breisach-Hochstetten vorkommen, nicht vorhanden. (Es ist dabei aber zu bedenken, dass viele Strukturen durch den Sandabbau nördlich der Grabungsfläche undokumentiert zerstört worden sind.)

Durch eine interessante Auswahl von Fundmaterial *(Abb. 119)* aus den umfriedeten Bezirken konnte die Siedlung von Sierentz datiert und der von Ehl bis Basel reichenden südlichen Kulturgruppe zugeordnet werden.

Abgesehen von etwas campanischer Keramik vom Typ A und einer italischen Amphore Typ Dressel I, die mit dem Stempel MOC versehen ist und älter als 50 v. Chr. datiert wird, ist importierte Keramik bemerkenswerterweise selten. Dieser grund-

117 Im Vordergrund links ist der Beginn der Rettungsgrabung in Sierentz im Jahre 1985 zu sehen. Im Vordergrund rechts erkennt man die Sandgrube von Sierentz-Sandgrube, wo zwischen 1977-1984 Ausgrabungen stattfanden. In der Mitte befindet sich der westliche, intakte Teil der Siedlung von Sierentz mit der Kapelle von Hochkirch. Im Hintergrund zu erkennen sind die Hügel des Sundgaus und die römische Straße nach Mandeure in Richtung Westen.

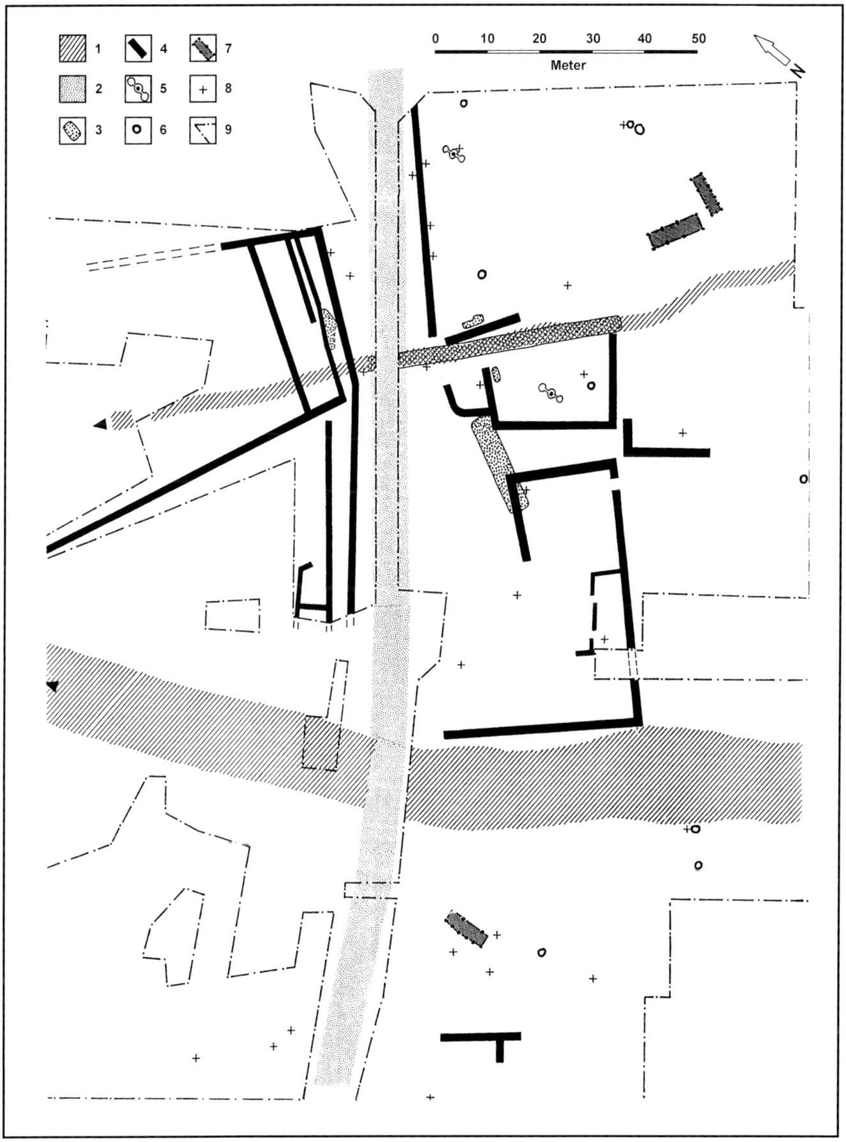

118 Spätlatènezeitliche Besiedlungsphase. 1. Kanäle oder Spuren des ursprünglichen Gewässersystems von Sauruntz; 2. die antike Rhone-Rhein-Straße von Mandeure nach Kembs; 3. Kieselpflaster; 4. Einfriedungsgräben; 5. Töpferöfen; 6. Gräben; 7. Pfostenbauten; 8. gallische Münzen; 9. Grabungsgrenzen.

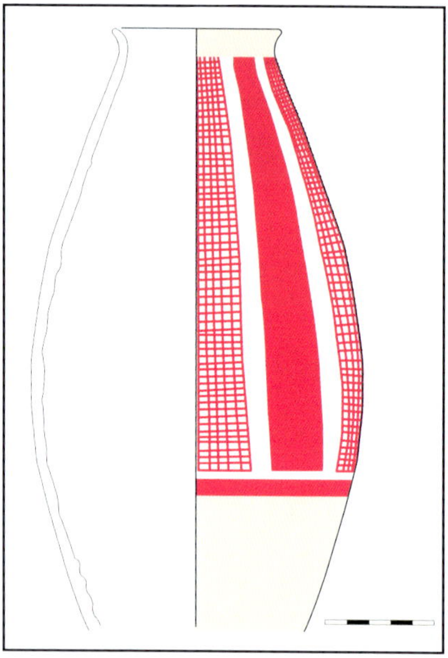

119 Beispiel für die bemalte Drehscheibenkeramik (sog. Tonne).

sätzliche Unterschied zu Basel-Gasfabrik basiert vermutlich auf der unterschiedlichen Bedeutung der beiden untersuchten Fundorte. Die bronzenen Fibeln lassen sich in zwei Gruppen einteilen: auf der einen Seite gibt es eine größere Gruppe mit Fibeln vom Typ Nauheim (32 Exemplare) und auf der anderen Seite drahtförmige Fibeln mit schmaler Spirale und innerer Sehne.

Zu den Metallfunden gehören auch Zierscheiben, Ringe, Fingerringe und Abfälle der Bronze- und Eisenverarbeitung. Glas ist durch Armringe und Perlen vertreten.

An verschiedenen Stellen wurden menschliche Knochen entdeckt. Diese Funde standen jedoch nicht im Zusammenhang mit Bestattungen. Es handelte sich zum einen um einen Schädel ohne Unterkiefer und ersten Halswirbel aus der oberen Verfüllung eines Grabens, zum anderen um Fragmente mehrerer Schädelkalotten, die auf geschotterten Stellen und in der Verfüllung von Pfostengruben gefunden wurden.

Das Spektrum der Münzfunde umfasst hauptsächlich Sequaner-Potinmünzen sowie einige Leuker- und Aduatuker-Potinmünzen (keine TURONOS CANTORIX) und ist in die Zeitstufen Latène D1b und D2a zu datieren.

Die große Anzahl der Orientierungen der latènezeitlichen (von der 2. Hälfte des Latène D1 bis zum Ende Latène D2) bzw. vorflavischen Gräben – besonders derjenigen entlang der Straße – legt eine Siedlungskontinuität von den ersten vorchristlichen bis zu den ersten nachchristlichen Jahrhunderten nahe.

Die Bedeutung der Siedlung von Sierentz kann nur richtig nachvollzogen werden, wenn man sich ihre Lage in der Ebene des Oberrheingebietes vor Augen führt. Entlang der Wegverbindung nach Ill sind Basel, Sierentz, Sausheim, Ensisheim und Colmar bedeutende Siedlungen der Spätlatènezeit, die oft gleich weit von einander entfernt sind und an Kreuzungspunkten von Hauptverkehrsverbindungen liegen. Sind diese Standorte zufällig? Oder handelt es sich um spätere Stützpunkte (LT D 2b / GR 1?) der römischen Herrschaft über das Land? Oder aber sind diese Orte das Ergebnis einer früheren Strukturierung (LT C / LT D1?) des Landes, parallel zum Ausbau des Straßennetzes und zur Entwicklung des Fernhandelsverkehrs?

(übersetzt von Isabelle Noël-Tschocke)

Die spätlatènezeitliche Siedlung Basel-Gasfabrik

VON NORBERT SPICHTIG

Die unbefestigte Siedlung Basel-Gasfabrik wurde etwa 2 km nördlich des Basler Münsterhügels *(Abb. 120)* um 150 v. Chr. angelegt und um 80 v. Chr. offenbar planmäßig wieder aufgegeben. Ihre Lage am Prallhang des markanten Flussknies auf

120 Lage der Fundstellen Basel-Gasfabrik und Basel-Münsterhügel.

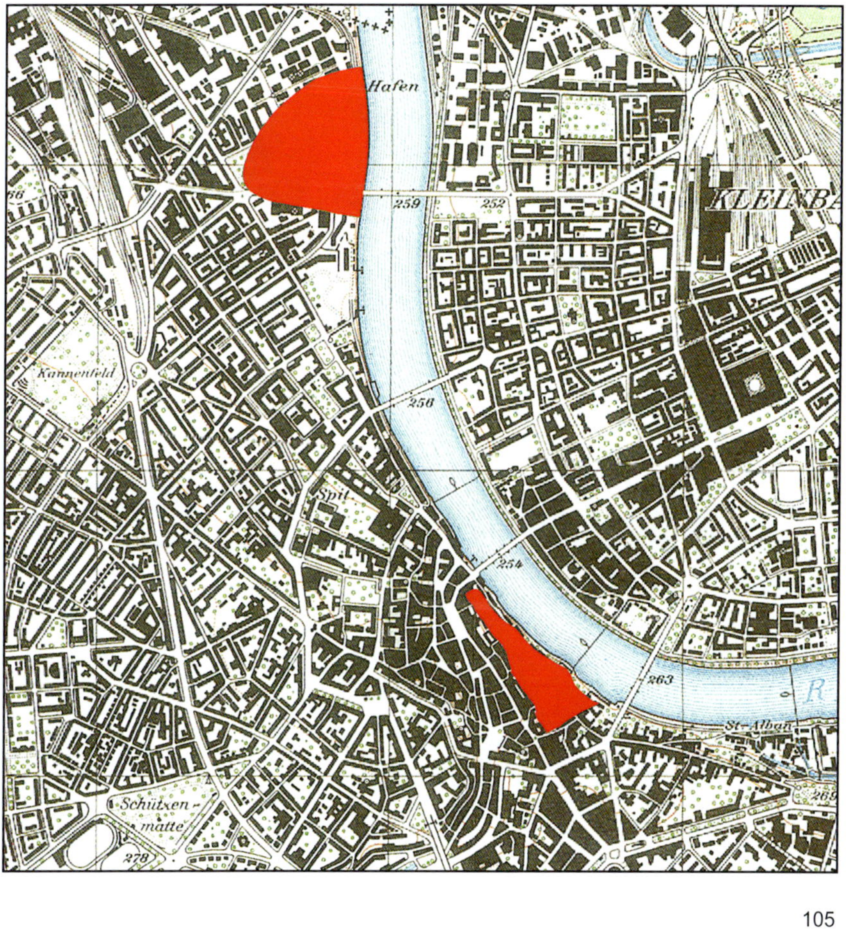

der untersten Niederterrasse des Rheins bewahrte sie vor Hochwasser, gewährte aber trotzdem den Zugang zum Fluss. Wenig nördlich öffnet sich das vergleichsweise enge Rheintal in die oberrheinische Tiefebene mit der allerdings bis ins vorletzte Jahrhundert versumpften Rheinaue. Am gegenüberliegenden rechten Ufer liegt die mutmaßlich gleichzeitige Siedlung Basel-Klybeck, wahrscheinlich ebenfalls mit zugehörigem Gräberfeld. Die an beiden Ufern einander gegenüberliegenden und wohl gleichzeitigen Siedlungen scheinen einen wie auch immer gestalteten Flussübergang anzudeuten.

Moderne Industriebauten und Archäologie

Die Entdeckung der Siedlung Basel-Gasfabrik durch Karl Stehlin geht auf den Bau

121 Senkrechtaufnahme des Gebiets von Basel-Gasfabrik mit der Ausdehnung der Siedlungszone sowie den beiden Gräberfeldbezirken.

des letzten Gaskessels des zweiten städtischen Gaswerks im Jahre 1911 zurück. Die moderne Benennung der Siedlung nimmt darauf Bezug; der antike Name ist nicht bekannt. Die gesamte Forschungsgeschichte ist denn auch bis heute eng mit der 1860 erfolgten Anlage des Gaswerks und der nachfolgenden Industriebauten – insbesondere der chemischen Fabriken Durand & Huguenin, Sandoz und nun Novartis – verbunden *(Abb. 121)*. Obschon das Gebiet seit der Entdeckung permanent archäologisch überwacht und betreut wurde, konnten großflächige Grabungen erstmals in den 1970er Jahren durchgeführt werden. Seit 1989 führt die Archäologische Bodenforschung Basel-Stadt wegen der permanenten Umgestaltung des Firmenareals der Sandoz bzw. Novartis AG und dem Bau einer Autobahn praktisch ununterbrochen Rettungsgrabungen durch.

Siedlung mit bester Verkehrsanbindung

Die nach heutiger Kenntnis rund 15 ha umfassende Siedlung wurde auf einem leicht gewellten Terrain rund 10 bis 12 m über dem Rheinpegel angelegt. Sowohl die Lage generell wie auch – indirekt – verschiedene Funde unterstreichen die Bedeutung des Rheins als wichtige Verkehrsader und Transportweg *(Abb. 121)*. Der Nachweis einer Hafenanlage o.ä. ist aber wegen der modernen Bodeneingriffe kaum mehr zu erbringen.

Aufgrund der Orientierung der (rekonstruierbaren) Gebäude, von Gräben und teilweise auch der Gruben lässt sich ein weitgehend orthogonaler Bebauungsraster nachweisen. Diese recht einheitliche Ausrichtung innerhalb des Siedlungsareals weist auf eine planmäßige Anlage hin. Dabei orientiert sich der Bebauungsraster nicht nach dem Rheinuferverlauf. Vielleicht ist eine etwa auf der Achse der heutigen Elsässerstraße mögliche Straße für die Ausrichtung der Bebauung von Bedeutung gewesen. Die Siedlung wäre davon leicht abgesetzt entlang des Rheinufers angelegt worden. Damit wäre sie in die beiden wichtigsten – zumindest regionalen – Verkehrsverbindungen zu Wasser und zu Lande eingebunden.

Soweit bekannt, ist das Siedlungsinnere weitgehend in Parzellen oder „Hofareale“ gegliedert gewesen, die wenigstens streckenweise von Gräben umschlossen waren. Die „Hofareale“ waren großzügig mit

122 Rekonstruktionsversuch der Bebauung von Basel-Gasfabrik.

123 Blick auf den Unterbau eines Töpferofens zur Herstellung bemalter Keramik.

124 Rekonstruktion bemalter Gefäße aus Basel-Gasfabrik.

einer eher lockeren Bebauung ausgestaltet *(Abb. 122)*. Innerhalb dieser Hofbereiche waren jeweils verschiedene mehrheitlich kleinere Gebäude, handwerkliche Installationen, aber auch Gärten angelegt worden. Bei den Bauten handelt es sich in der Regel um eingeschossige und nicht unterteilte Pfostengebäude eher kleinerer Dimensionen. In zwei Fällen dürften Schwellbalkenkonstruktionen vorliegen. Die recht variantenreichen Grundrisse der Gebäude deuten auf jeweils spezifische Nutzungen hin. Es scheint also eine Konzeption von quasi freistehenden „Zimmern" mit jeweiliger charakteristischer Nutzung dahinter zu stehen. Die Gebäude in Holz-Lehmarchitektur weisen Lehmstampfböden, Wände aus Flechtwerk mit Lehmverstrich und hellem Kalkverputz auf. Eine Bemalung kann bisher, wohl aus Erhaltungsgründen, nicht belegt werden. Von der vegetabilen Dachbedeckung liegen keine Reste vor. Feuerstellen aus Geröllagen mit Lehmestrich dienten als Kochstellen, sowie als Wärme- und wohl auch als Lichtspender.

Zur Wasserversorgung wurden mehrere Brunnenschächte ausgehoben, die bis zu 12 m in den mehrheitlich kiesigen und damit lockeren Untergrund abgetieft werden mussten. Daneben dürfte der Rhein als Wasserquelle benützt worden sein.

Die Vorratshaltung verderblicher beruht vor allem auf der Lagerung in Gruben bzw. Kellern. Bei den z.T. riesigen, eingetieften Getreidesilos mit lehmhinterfüllten Verschalungen kommt eigentlich nur eine Funktion zur Überwinterung des Saatgutes in Betracht, da nach Öffnung der luftdicht abgeschlossenen Gruben der Inhalt gesamthaft entnommen werden musste. Weitere Nutzungen der bis heute mehr als 350 bekannten Gruben unterschiedlicher Größe und Form liegen im handwerklichen Bereich. Manchmal dienten sie auch als Latrinen. Letztendlich sind sie aber mit Abfall, Bauschutt sowie anderen Sedimenten verfüllt worden.

Blühendes Handwerk

An handwerklichen Anlagen sind mehrere technologisch hochstehende Töpferöfen mit zweiseitiger Einfeuerung *(Abb. 123)* für die Herstellung bemalter Keramik *(Abb. 124)* sowie Öfen und Installationen zur Eisen- und Buntmetallverarbeitung direkt nachgewiesen. Mit einem Töpfereibereich im Süden der Siedlung zeichnet sich eine spezifische Handwerkszone ab. Viele andere Handwerkszweige sind anhand von Werkzeugen, Produktionsabfällen, Halbfabrikaten usw. belegt *(Abb. 125)*, so beispielsweise die Holzbearbeitung, die auf einer Drehbank erfolgte Herstellung

125 Auswahl von Buntmetall- und Eisenfibeln aus Basel-Gasfabrik.

126 Glasarmringe aus Basel-Gasfabrik.

127 Bestattung eines erwachsenen Mannes in Grube 321.

von „Lignit"-Armringen, die serienmäßige Herstellung von Buntmetall-Radanhängern in zweischaligen Steingussformen, möglicherweise die Glasverarbeitung *(Abb. 126)* oder auch das Prägen von Edelmetallmünzen etc.

Zeugen des religiösen Lebens

Der seit 1915 bekannte und 1917 durch Karl Stehlin ergrabene Gräberfeldbezirk und ein zweiter, erst 2004 entdeckter Gräberbereich lassen sich als kollektive Bestattungsplätze deuten. Ob sich davon die Niederlegung von Toten in Gruben *(Abb. 127)* innerhalb der Siedlung als weitere Form einer Grablegung in möglicherweise privatem Rahmen abgrenzen lässt, erfordert weitere Untersuchungen. Die Forschungen der letzten Jahre haben jedoch gezeigt, dass den vielfältigen Ausprägungen des Umgangs mit den Toten ein äußerst komplexer Bestattungsbrauch mit entsprechend vielschichtigen Glaubensvorstellungen zugrunde liegen muss. Neben der Bestattung in den Gräberbezirken und der Niederlegung in Gruben findet sich innerhalb der Siedlung oft auch die Deponierung von einzelnen menschlichen Skelettelementen, vornehmlich Schädel-, Arm- und Beinknochen, die wahrscheinlich mit einem mehrstufigen Bestattungsritus in Verbindung gebracht werden können.

Als weitere Zeugnisse ritueller Handlungen lassen sich verschiedene Gerätedepots innerhalb der Siedlung deuten.

128 Sporn, Eisenfingerring mit Einlage, Münzwaage und Torques geben Hinweise auf die Präsenz sozial höher und hoch stehender Personen in Basel-Gasfabrik.

Hinweise auf ein zentrales Heiligtum fehlen bislang vollständig.

Zentrum und Peripherie

Die Größe und die Struktur der Siedlung, aber auch das Fundspektrum, deuten darauf hin, dass die Bewohnerinnen und Be-

129 Importierte Krüge aus Gräbern von Basel-Gasfabrik.

wohner von Basel-Gasfabrik teilweise auf Landwirtschaftsprodukte aus dem Umland, d.h. v.a. von den „Gehöften“, angewiesen waren. Daraus ist eine gewisse Abhängigkeit zwischen dem Umland und dieser Siedlung abzuleiten. Die zahlreichen Getreidesilos zur Lagerung großer Mengen an Saatgut weisen in dieselbe Richtung, da eine mindestens teilweise zentralisierte Lagerung und damit auch Kontrolle vorzuliegen scheint.

Für die zahlreichen direkt oder indirekt nachgewiesenen spezialisierten Handwerkszweige, die auf den Bezug von Rohstoffen oder Halbfabrikaten aus der Region oder gar einem weiteren Umfeld angewiesen waren, müssen ebenfalls gut ausgebaute organisatorische Strukturen vorausgesetzt werden. Außerdem zeigen verschiedene Fundgruppen das Vorhandensein einer sozial gehobenen Bevölkerungsschicht *(Abb. 128)*, die sicherlich auch über politischen und wirtschaftlichen Einfluss verfügte, der sich nicht nur auf Basel-Gasfabrik beschränkte. Importe von „Luxusgütern“, wie Wein in recht großen Mengen inkl. dem dazu passenden Tafelservice, Buntmetallgeschirr usw. – hauptsächlich aus dem Mittelmeerraum – belegen *(Abb. 129)*, dass ein gewisser Personenkreis solche Produkte über wie auch immer gestaltete Beziehungen v.a. nach Westen und Süden beschaffen konnte.

130 Basel Münsterhügel auf einer modernen Luftaufnahme. Die spätkeltische Siedlungsfläche, die ca. 4,5-5 ha umfasst, ist speziell hervorgehoben. ▶

Die spätkeltische Siedlung auf dem Basler Münsterhügel

VON ECKHARD DESCHLER-ERB UND ANDREA HAGENDORN

Wohnen in bester Lage

In der Regio Basiliensis, der Siedlungskammer im Süden der oberrheinischen Tiefebene, nimmt der Münsterhügel eine zentrale Position ein. Er bietet durch seine Spornlage und seinen nach drei Seiten zu Rhein und Birsig steil abfallenden Hängen natürlichen Schutz. Ein einfacher Zugang ist nur von Süden her möglich (→ s. *Abb. 120*).

131 Modell der spätkeltischen Holz-Erde-Befestigung, ehemals ausgestellt im Historischen Museum Basel. Links: Detailansicht mit der Torsituation. Rechts: Blick von oben auf die gesamte Anlage. Die Rekonstruktion basiert im Bereich des Tors zu einem großen Teil auf Erkenntnissen von besser bekannten Anlagen.

Schon in der Bronzezeit (um 1200 v. Chr.) wurde im Norden des Hügels eine Siedlung gegründet. Eine kontinuierliche, bis in die heutige Zeit andauernde Besiedlung des Münsterhügels setzte indessen erst in spätkeltischer Zeit ein.

132 Grabungsaufnahme der spätkeltischen Holz-Erde-Befestigung aus dem Jahr 1979. Im Vordergrund verläuft die Trockensteinmauer der Front. Im Hintergrund ist das Negativ des vernagelten Balkengitters aus dem Wallkern zu sehen.

133 So genannte Nauheimer Fibel aus der Grabung Basel-Fernheizung, Augustinergasse 1978. Nauheimer Fibeln gelten als Leitfunde für die Epoche Latène D 1. Die Länge des Stücks beträgt 44 mm.

Die ca. 4,5-5 ha umfassende spätkeltische Siedlung erstreckte sich über das ganze Plateau *(Abb. 130)*. Eindrückliches Zeugnis ist eine mächtige Wall-Graben-Anlage, die das nach Süden flach abfallende Gelände des Münsterhügels abriegelte und schützte. Der Wall besaß eine Front aus

134 Weinamphoren vom Typ Dressel 1 in typologischer Auswahl aus den Leitungsgrabungen 1978/13 und 1978/26 auf dem Münsterhügel. Die oberen beiden Exemplare zählen zur typologisch älteren Ausprägung (Dressel 1A), während die beiden unteren der jüngeren Ausprägung (Dressel 1B) zugewiesen werden können.

135 Knotenfibel mit Zierleiste aus der Grabung Fernheizung, Kleiner Münsterplatz 1979. Knotenfibeln zählen zu den Leitfunden der Epoche Latène D 2. Die Länge des Stücks beträgt 94 mm.

136 Teller mit Steilrand aus so genannter Rhonetal-Campana. Der Teller fand sich in einer spätkeltischen Grube der Grabung Naturhistorisches Museum, Augustinergasse 1968.

Trockenmauerwerk und mächtigen Stützpfosten sowie vernagelter Holzarmierung im Innern. Caesar überliefert uns hierfür den Begriff des *Murus Gallicus*. Die Archäologen sprechen heute von einer Pfostenschlitzmauer *(Abb. 131-132)*. Auch die Hangkanten des Hügels waren mit einem Wall umwehrt.
Die dahinterliegende Siedlung war untergliedert: ein Graben grenzte den bislang kaum erforschten Martinskirchsporn im Norden von einer südlich anschließenden, bis zum *Murus Gallicus* reichenden Siedlungsfläche ab. Reste von Holzbauten und zahlreiche Gruben für Vorratshaltung und Abfallbeseitigung deuten in diesem Bereich auf eine unterschiedlich dichte Bebauung hin. Die Häuser erstreckten sich beiderseits einer gut ausgebauten, breiten Straße – der Verlängerung des Zufahrtsweges zum Münsterhügel. Reihen eng stehender kleiner Pfosten lassen auf Umzäunungen zugehöriger Hofareale schließen. Während die Straße sich in der Mitte der Siedlung platzartig zu weiten schien, ließ sich an anderer Stelle eine Aufteilung in zwei Stränge beobachten. Unter dem heutigen Münster wurde zwischen den Straßensträngen ein Gebäude errichtet, bei dem es sich möglicherweise um einen Tempel handelt. Dies ist bislang das einzige nachgewiesene öffentliche Gebäude.

Chronologie im Wechselbad der Forschung

Seit der umfassenden Publikation durch Andres Furger-Gunti wird der Basler Münsterhügel mit seinem Fundmaterial als einer der Fixpunkte für die jüngere Epoche der Spätlatènezeit (LT D2) angesehen. Die genaue zeitliche Einordnung ist aber in den letzten 30 Jahren der Forschung immer wieder in der Diskussion gewesen und auch heute noch umstritten.
Wenn man für die Chronologie vom Fundmaterial ausgeht, das sich aber noch nicht in jedem Fall sicher mit Befunden verknüpfen lässt, so ist unter der zahlreichen Keramik und den Metallfunden eine größere Gruppe zu erkennen, die für einen Siedlungsbeginn bereits um 80/70 v. Chr. (Ende LT D 1b) spricht. Zu nennen sind dabei vor allem Nauheimer Fibeln *(Abb. 133)*, frühe italische Weinamphoren vom Typ Dressel 1A *(Abb. 134)* und schriftlose Potinmünzen vom Sequanertypus. Danach setzt sich die Besiedlung ohne Unterbrechung bis in die römische Kaiserzeit fort. An Fundmaterial sind unter anderem Knotenfibeln *(Abb. 135)*, jüngere italische Weinamphoren

vom Typ Dressel 1B, frühe Fischsaucen- und Ölamphoren, Campana und Krüge aus dem Rhonetal *(Abb. 136)*, Dolia (Vorratsgefäße) und zahlreiche einheimische – meist scheibengedrehte – Keramik zu nennen *(Abb. 137)*. Ein Wechsel des Siedlungscharakters – und des Fundmaterials – ist dann erst im Laufe der augusteischen Epoche um Christi Geburt zu erkennen.

Schutz und Kontrolle in schwierigen Zeiten

Die gut befestigte Siedlung auf dem Münsterhügel weist von Anfang an eine starke

137 Keltische Feinkeramik. Links eine Flasche in helltoniger Feinkeramik mit weiß-roter Streifenbemalung und Resten eines Sepiamusters. Rechts eine Flasche in grautoniger Feinkeramik mit Glättstreifen. Davor der bereits separat abgebildete Teller aus Rhonetal-Campana (Abb. 136). Beide Flaschen stammen aus der Grabung Reischacherhof, Münsterplatz 16, 1978.

138 Anhänger vom spätkeltischen Pferdegeschirr. Das durchbrochen gearbeitete Stück zeigt einen Dreiwirbel mit tierkopfartigen Enden („Triskell"). Die Länge beträgt 64 mm. Der Anhänger fand sich vor der großen spätkeltischen Holz-Erde-Befestigung in Grabungen der Jahre 1991/92.

139 Ortband aus der Grabung im Haus zur Mücke, Schlüsselberg 17, 1958. Das 50 mm lange Objekt stammt vom unteren Abschluss einer Gladiusscheide mit netzartig geformten Beschlägen. Schwerter dieses Typs gehören in die spätrepublikanisch/frühaugusteische Epoche und lassen sich eindeutig der römischen Armee zuweisen.

militärische Komponente auf. Dafür sprechen nicht nur Wall und Graben sondern auch einige Funde militärischen Charakters, wie z.B. ein Pferdegeschirranhänger *(Abb. 138)* oder Teile vom Schwertgurt. Vielleicht ist die Festung auf dem Münsterhügel, die mehr oder weniger zeitgleich mit Sasbach-Limberg (→ s. Wendling, Sasbach) und Breisach Münsterberg (→ s. Wendling, Breisach) errichtet wurde, als eine Reaktion auf die zunehmend unsicherer werdenden Zeiten im Umfeld der Kriege mit den Germanen unter *Ariovist* zu sehen.

Mit der Eroberung Galliens durch Caesar fällt auch Basel Münsterhügel unter römische Kontrolle. Am stark militärisch und einheimisch geprägten Charakter der Siedlung ändert sich vorderhand aber wenig. Einzig einige wenige Militaria eindeutig mediterraner Herkunft belegen die Anwesenheit von römischen Soldaten

140 Anhänger vom spätrepublikanischen Pferdegeschirr (?). Das aus Knochen gearbeitete, 44 mm lange Stück zeigt einen großen und einen kleinen Phallus. Parallelen zu diesem Objekt stammen nahezu ausschließlich aus dem spätrepublikanischen Mittelmeerraum. Das Stück fand sich in spätkeltischen Schichten der Grabung Basel-Fernheizung, Kleiner Münsterplatz 1978.

141 Nietknopfsporn aus der Grabung Basel, Antikenmuseum 1999. Der 46 mm lange Sporn stammt aus augusteischen Schichten im Vorfeld des Basler Münsterhügels. Er weist auf die Anwesenheit kleinerer militärischer Reiter-Einheiten in dieser Epoche hin.

(Abb. 139-140). Es spricht einiges dafür, dass der an der Pforte zu Gallien gelegene Basler Münsterhügel nun direkt dem Schutz der Grenzen des Imperiums diente. Diese Sicherungsaufgabe hatten keltische Adlige inne, die mit ihrem Gefolge die umliegende Region „im Namen Roms" regierten. Eine „Aufsicht" in Gestalt von einigen wenigen Legionären dürfte diesen Einheimischen beigegeben geworden sein. Ob in diesem Zusammenhang auch die *Colonia Raurica* des Munatius Plancus in Basel gegründet wurde (44 v. Chr.), bedarf weiterer Abklärung.

Der Übergang in die augusteische Epoche

Mit Beginn der augusteischen Zeit (30/20 v. Chr.) wurde die Siedlung auf dem Münsterhügel grundlegend verändert. Die spätkeltischen Bauten wurden abgerissen und eingeebnet. Auch der *Murus Gallicus* wurde teilweise abgetragen und die verbleibende Ruine in die neu entstehende Siedlung, die sich nun bis in das Vorfeld der ehemaligen spätkeltischen Befestigung ausdehnte, integriert.

Warum die Siedlung so tiefgreifend umgestaltet wurde, ist noch nicht geklärt. Offenbar war der Münsterhügel zeitweise weniger intensiv besiedelt. Dafür spricht, dass die in spätkeltischer Zeit errichtete Straße zunächst mit Abbruchschutt überdeckt und erst später wieder in Stand gesetzt wurde. Anders als bislang angenommen, können diese Veränderungen aber kaum mit der Gründung eines „regulären" Militärlagers in Verbindung gebracht werden. Jedenfalls fehlen bis heute militärtypische

142 Hülsenspiralfibel mit Nielloeinlagen auf dem Fuß. Das fein verzierte, 40 mm lange Stück stammt aus der Grabung Basel-Fernheizung, Kleiner Münsterplatz 1978. Fibeln dieser Art wurden von Frauen ab der spätaugusteischen Zeit bis in die Mitte des 1. Jh. n. Chr. getragen.

Bauten, wie sie ansonsten aus Truppenlagern bekannt sind. Auch typische Fundgattungen wie zum Beispiel römische Waffen und andere Ausrüstungsteile sind sehr selten *(Abb. 141)*. Vielmehr deutet vieles darauf hin, dass auf dem Basler Münsterhügel in augusteischer Zeit eine vorwiegend zivile Siedlung existierte *(Abb. 142)*, in der vermutlich eine kleine Abteilung römischer Truppen stationiert war.

Glossar

Alpenfeldzug
Im Jahr 15 v. Chr. unterwarfen die Römer die keltischen Stämme der Alpen sowie des Alpenvorlandes.

Ambianer
keltischer Stamm, der in Nordfrankreich bzw. Belgien im Bereich der Küste siedelte.

Amphore
Griech. *amphora*. Griechisches bzw. römisches Transportgefäß aus Keramik für Wein, Öl und Fischsauce. Der Name kommt von „beidseitig zu tragen", d.h. es handelt sich um ein Gefäß mit zwei Henkeln. Die an den Oberrhein in keltischer Zeit importierten Weinamphoren besitzen ein Fassungsvermögen von ca. 26 Litern.

Anthropomorph
menschengestaltig.

Antimon
silberglänzendes, sprödes Halbmetall.

Apoll
Griech. *Apollon*. Griechischer Licht- und Sonnengott, Gott der Künste, speziell der Musik. *Attribute:* Lorbeerkranz, Lyra oder Pfeil und Bogen.

Apotropäisch
unheilabwehrend.

Appian
Appian von Alexandria, römischer Historiker, der im 2. Jh. n. Chr. lebte. Die genauen Lebensdaten kennen wir leider nicht, doch wurde er spätestens zur Zeit des Kaisers Trajan (reg. 98-117 n. Chr.) geboren.

Ariovistus
Führer der germanischen → Sueben. Er überschreitet um 73. v. Chr. nach einem Hilferuf der → Sequaner mit seinen Truppen den Rhein und schlägt im oberen Elsass ein gallisches Heer der → Haeduer. Danach setzt er sich im Elsass fest und wird erst nach einer Niederlage 58 v. Chr. bei Mühlhausen von → Caesar vertrieben. Gestorben um 54 v. Chr.

Artemis
griechische Göttin der Jagd. Stadtgöttin von Massalia. *Attribute:* Pfeil und Bogen.

Arverner
großer und mächtiger keltischer Stamm in Zentralgallien.

As
römische Bronzemünze. Grundeinheit des römischen Währungssystems.

Attasche
Beschlagansatz für Gefäßhenkel oder -griffe, oft ornamental oder figürlich gestaltet.

Augustus / Augusteisch
römischer Kaiser (reg. 27 v. Chr. bis 14 n. Chr.).

Ausmünzen
Münzherstellung.

Bibracte
keltisches → Oppidum der → Haeduer im heutigen Burgund.

BIGA
Gespann mit zwei Pferden (Zweigespann).

BOIER
großer keltischer Stamm, der im heutigen Böhmen (Tschechische Republik) siedelte.

BUNTMETALL
Kupferlegierung mit wesentlichen Anteilen von Zinn und/oder Zink/Blei/→ Antimon/Nickel.

CABOCHON
Kästchenfassung für Schmucksteine.

CAESAR
Caius Iulius Caesar, römischer Staatsmann und Feldherr, ermordet 44. v. Chr. Er eroberte → Gallien in den Jahren 58-52 v. Chr. und hielt die damit verbundenen Ereignisse in Berichtsform fest *(commentarii belli Gallici)*. Caesars Beschreibung der → Kelten ist für die Forschung von großer Bedeutung.

CAMPANA
in Kampanien (Italien) hergestellte schwarze Feinkeramik.

CALENISCHE SCHALE
in Cales (Kampanien/Italien) hergestellte Feinkeramik.

CERNUNNOS
keltischer Hirschgott.

CINCIBILUS
norischer König, der zusammen mit seinem nicht namentlich bekannten Bruder um 170 v. Chr. regierte.

CLOISONNÉ
In der Goldschmiedekunst gebräuchlicher Ausdruck für die Zellenschmelztechnik. In der Regel werden schmale Drahtstege auf eine gereinigte Metallscheibe gelötet oder aber in einer dünnen Emailschicht festgebrannt. Die dabei entstehenden „Zellen“ werden mit Email bzw. Glasfluss gefüllt.

DFG
Deutsche Forschungsgemeinschaft.

DENAR
Römische Silbermünze, eingeführt 211 v. Chr. im Wert von ursprünglich 10 Asses (→ As), in der späten Republik und in der Kaiserzeit 16 Asses (→ As).

DENDROCHRONOLOGIE
Datierung anhand der Jahrringe von Bäumen.

DEPOTFUND
Einer oder mehrere Gegenstände, die absichtlich an einen Platz niedergelegt wurden. Ob die Gegenstände vor Dieben versteckt oder den Göttern geopfert wurden, ist bei den meisten Funden dieser Art nicht mehr nachzuvollziehen.

DEVOTIONALIE
Gegenstand, der die Frömmigkeit (lat. *devotio – Hingabe, Ehrfurcht*) fördern soll.

DIANA
römische Göttin, entspricht der griech. → Artemis.

DIDRACHME
Zweidrachmenstück (siehe Drachme).

DILUVIAL
durch Überschwemmung verursacht bzw. in Verbindung mit Überschwemmung stehend.

DIODOR
Diodorus Siculus. Griechischer Historiker, der im 1. Jh. v. Chr. lebte.

DIOSKUREN
Söhne des → Zeus. Unzertrennliches, göttliches Zwillingspaar Castor und Pollux; helfen in jeder Not, zumal in Kampf und

Sturm. *Attribut:* über ihren Häuptern jeweils ein Stern.

DOLIUM
Mehrzahl *Dolia*. Charakteristische große Vorratsgefäße der jüngeren Spätlatènezeit.

DRACHME
griechische Silbermünze im Wert von sechs → Obolen.

DUMNORIX
vornehmer → Haeduer, einer der Protagonisten in → Caesars Bericht über den Gallischen Krieg.

EMITTIEREN
ausmünzen und ausgeben von Münzen durch eine Münzstätte.

EMPORION
griech., Mehrzahl *emporia*. Handelsplatz.

EPONA
keltische Pferdegöttin. Trotz ihrer eindeutig keltischen Wurzeln kennen wir eine Verehrung der Göttin aber lediglich aus römischer Zeit, besonders im Gebiet nördlich der Alpen.

EPONYM
namengebend.

EROSION
Erosion (von lat.: *erodere* = abnagen) ist die Abtragung lockerer Bodenteile der Erdoberfläche durch Wasser, Wind oder der Bodenbewegung infolge von Gravitation (Steinschlag, Lawine, Mure).

FEINGEHALT
Anteil an Edelmetall in Gold- und Silberlegierungen antiker Münzen.

FEINGEWICHT
Gewicht des Edelmetallanteils in Gold- und Silbermünzen.

FIBEL
Gewandschließe mit der Funktion einer Sicherheitsnadel.

GALLIA CISALPINA
aus Sicht der Römer das „Gallien diesseits der Alpen“. Der Begriff bezeichnet das Gebiet der norditalienischen Seen sowie die Poebene. Der Name kommt daher, dass auch hier vor der römischen Okkupation keltische Stämme siedelten.

GALLIEN / GALLISCH
römische Bezeichnung für das keltisch besiedelte Gebiet im heutigen Frankreich und in den Benelux-Staaten.

GALLISCHER KRIEG
Bezeichnung für → Caesars Eroberung → Galliens in den Jahren 58 bis 52 v. Chr.

GEFACHE
Von Hölzern oder Balken begrenztes Feld einer Fachwerkwand oder einer Mauerkonstruktion, das mit Steinen, Holzbohlen, Flechtwerk u. a. ausgefüllt ist.

GELÄUTERTES GOLD
reines Gold.

GEOMAGNETISCHE PROSPEKTION
Nahe der Bodenoberfläche wird das Magnetfeld der Erde gemessen. Dabei werden lokal eng begrenzte Störungen des Erdmagnetfeldes erfasst (z.B. archäologische Strukturen).

GRANULATION
Verfahren zum Auftrag sehr feiner Metallkügelchen auf eine Oberfläche aus demselben Material. Die Kunstfertigkeit besteht darin, die Temperatur so konstant zu halten, dass sich das Metall der Kügelchen nur so nahe am Schmelzpunkt befindet, dass es sich mit dem Träger verbindet, nicht aber schmilzt.

Graphitton
Ton mit natürlichem Graphitanteil. In der Spätlatènezeit Verwendung zur Herstellung von feinkeramischen Gefäßen, sog. Graphittonkeramik. Bekannte Lagerstätten existieren in der Gegend um Passau.

Grubenhaus
Für diesen Bautyp charakteristisch ist die in den Erdboden eingetiefte Grundfläche des Hauses.

Guss in verlorener Form
Die bei diesem Verfahren verwendete Gussform besteht aus einem Stück, so dass sie nach dem Guss zerstört werden muss, um das Fertigprodukt herauszulösen. Sie kann deshalb nur einmal benutzt werden.

Haeduer
Großer und mächtiger keltischer Stamm, dessen Besiedlungsraum in Zentralgallien sich über das Gebiet zwischen Saône und Loire bis in den Raum Lyon ausdehnte.

Hart- und Weichlöten
Löten mit Loten, deren Liquidustemperatur (Erstarrung der Schmelze einer Legierung) über 450°C liegt (Hartlöten) bzw. unter 450°C (Weichlöten) liegt.

Hathorlocken
wulstige, mit der Spitze nach außen gerollte Haarlocken, benannt nach Darstellungen der altägyptischen Göttin Hathor.

Helvetier
keltischer Stamm mit Wohngebiet im heutigen Schweizer Mittelland. 58 v. Chr. bei einer versuchten Auswanderung von → Caesar bei → Bibracte geschlagen und zurückgeschickt.

Hiatus
zeitliche Unterbrechung.

Hierarchisierung
Abstufung anhand qualitativer Merkmale.

Incuse Münze
das erhabene Münzbild (Relief) erscheint auf der anderen Seite der Münze vertieft.

Italisch
aus Italien stammend.

Kaiserzeit
Die römische Kaiserzeit beginnt mit der Verleihung des Titels *Augustus* 27 v. Chr. an Octavianus, der in die Geschichte als Kaiser → Augustus einging. Sie endet mit der Absetzung des letzten römischen Kaisers Romulus 476 n. Chr.

Kammstrichware
Begriff für Tongefäße, die in noch feuchtem Zustand mit einem kammartigen Gerät verziert wurden.

Kelten / Keltisch
auf die griechische Überlieferung zurückgehende pauschale Bezeichnung für die barbarischen („nichtgriechischen“) Völker West-, Mittel- und von Teilen Südosteuropas.

Kimbernzüge
Gemeinsam mit den Teutonen und Ambronen zogen die Kimbern um das Jahr 120 v. Chr. aus ihrem Siedlungsgebiet im Norden Mitteleuropas nach Süden. Ihre Wanderung durch weite Teile Mittel- und Westeuropas dauerte mehrere Jahre. Nach mehreren siegreichen Kämpfen gegen die Römer konnten sie erst in den beiden Schlachten von *Aquae Sextiae* (Aix-en-Provence) 102 v. Chr. und *Vercellae* (Vercelli) 101 v. Chr. entscheidend besiegt werden.

Kolonien
bei den Griechen und Phöniziern von einer Mutterstadt aus rund um das Mittelmeer meist zu Handelszwecken gegründete Städte.

Konkav / Konvex
vertieft nach innen/gewölbt nach außen.

Kugelbohrer / -punze
Werkzeug zur Bearbeitung von Metall oder Stein.

Latène-Kultur
Der Name geht auf den Fundort La Tène am Nordende des Neuenburger Sees in der Schweiz zurück. L.-K. bezeichnet die archäologischen Hinterlassenschaften der jüngeren vorrömischen Eisenzeit (ca. 500/450 bis Ende 1. Jh. v. Chr.) in West-, Mittel- und Teilen Südosteuropas.

Latènezeit
archäologisches Chronologiegerüst für die vorrömische Eisenzeit West- und Mitteleuropas (ca. 500/450 bis ca. 15 v. Chr.). Sie ist in drei große Stufen unterteilt: Früh- (LT A und B), Mittel- (LT C) und Spätlatène (LT D).

Laufhorizont
antikes Gehniveau.

Legierung
Metallgemisch.

Leuker
keltischer Stamm, der im östlichen Mittelfrankreich siedelte.

Ligatur
Verbindung mehrerer Buchstaben zu einer Einheit.

Lignit
fossiles Holz.

Livius
Titus Livius (lebte wohl 59 v. Chr. bis ca. 17 n. Chr.) war ein römischer Geschichtsschreiber zur Zeit des Kaisers → Augustus.

Luernius
Luernius oder Luerius, König des großen und mächtigen keltischen Stammes der → Arverner, die in Zentralfrankreich siedelten. Seine Person ist uns für die zweite Hälfte des 2. Jh. v. Chr. überliefert.

Mars
römischer Gott des Krieges. *Attribute:* Helm, Panzer, Schild und Speer.

Massalia
von Bewohnern der griechischen Stadt Phokaia (Ionien, Westküste der heutigen Türkei) gegründete Kolonie an der Rhone-Mündung (heute Marseille).

Munatius Plancus
Lucius Munatius Plancus, römischer Feldherr und Consul (87-15 v. Chr.). Munatius Plancus kämpfte unter → Caesar in den gallischen Kriegen und war nach dessen Tod ab 44 v. Chr. Statthalter in → Gallien. Auf ihn geht u.a. eine 44 v. Chr. inschriftlich belegte Koloniegründung im Gebiet der → Rauriker (Colonia Raurica) zurück. Über den genauen Standort dieser Kolonie ist man sich noch nicht endgültig einig.

Münzemission
eine einheitliche Produktionsreihe desselben Münztyps.

Murus Gallicus
„Gallische Mauer". Von → Caesar überlieferter Begriff für eine bestimmte Form keltischer Befestigungen. Beim Murus Gallicus handelt es sich um einen Mauerverband aus kastenförmig gelegten Holzbalken, die mit Steinen verfüllt wurden. An der vorgeblendeten Front bleiben die Balken sichtbar.

Neolithikum
Jungsteinzeit.

Niederterrasse
auch ‚Hochgestade'. Ca. 5-18 m über der Rheinoberfläche liegende Schotter-, Kies- und Sandfläche zu beiden Seiten der Rheinaue. Da die N. weitgehend hoch-

wasserfrei bleibt, ist sie bevorzugtes Siedlungsgebiet.

Nominal
Werteinheit einer Münze innerhalb eines Münzsystems mit festgelegten Stückelungen (z.B. → Denar, → Quinar usw.).

Noricum / Norisch
Noricum war ein keltisches Königreich (lat. *Regnum Noricum*) im heutigen Österreich, später eine Provinz des Römischen Reiches.

Obol
griechische Silbermünze, sechster Teil einer Drachme. Am Oberrhein ahmten die → Kelten diese Münzen im Gewicht von ca. 0,4 g nach.

Oppidum
Mehrzahl *Oppida*. Lateinische Bezeichnung einer keltischen stadtartigen, befestigten Großsiedlung.

Oppidazivilisation
Der geographische Bereich, in dem die mittel- bis spätlatènezeitlichen Oppida verbreitet sind, wird auch als „Oppidazivilisation“ bezeichnet.

Palmette
zum Ornament stilisiertes Fächerpalmenblatt.

Pangaion-Gebirge
Gebirge in Nordgriechenland östlich von Thessaloniki. Schon in der Antike war das Pangaiongebirge bekannt für seine reichen Gold- und Silber-Vorkommen.

Pegasos
geflügeltes Pferd der griechischen Mythologie.

Pfostenschlitzmauer
Mauerkonstruktion aus senkrechten Holzpfosten und dazwischen liegenden Steinquadern.

Philipp II.
König von Makedonien (reg. 359 bis 336 v. Chr.).

Planum
künstlich hergestellte ebene Oberfläche. In der Archäologie wird ein Planum meist direkt unter der Humusschicht angelegt, um archäologische Strukturen, welche sich im gewachsenen Boden abzeichnen, zu erkennen und zu dokumentieren.

Polybios
griechischer Historiker (201 bis um 120 v. Chr.).

Polymetallisches Erz
Verbindung (Erz), in deren Kristallgitter verschiedene Metallatome eingelagert sind (z.B. Chalkopyrit – $CuFeS_2$).

Poseidonios
Poseidonios von Apameia, stoischer Philosoph (ca. 135 bis 51/50 v. Chr.). Er unternahm ausgedehnte Reisen bis an den Atlantik. Seine Berichte darüber sind nur noch in Fragmenten durch die Überlieferung anderer antiker Autoren, z.B. → Strabon (64/63 bis nach 23 v. Chr.), erhalten. Wir gewinnen durch Poseidonios wichtige Einsichten in die kulturellen und geographischen Gegebenheiten bei den → Kelten → Galliens und Hispaniens (Spanien).

Potin (-Münze)
aus einer Kupfer-Legierung gegossene keltische Münze.

Protourban
Da in den keltischen Großsiedlungen ähnlich wie bei Städten oftmals zentrale Funktionen konzentriert sind, werden sie bisweilen als protourban bezeichnet.

Ptolemaios
Klaudios Ptolemaios (87-150 n. Chr.). Griech. Mathematiker, Geograph und Astronom. Er wirkte wahrscheinlich in Alexandria (Ägypten).

Quadriga
Gespann mit vier Pferden (Viergespann).

Quinar
römische Silbermünze, entspricht einem halben → Denar. Der Name hat sich in der deutschsprachigen Forschung auch für die keltischen Silbermünzen nach römischem Vorbild eingebürgert. Zwar ahmen diese im Münzbild einen → Denar nach, doch entspricht ihr Gewicht mit ca. 1,8 g dem des römischen → Quinars. Die französischsprachige Forschung bezeichnet diese Münzen als *deniers*.

Rauriker
keltischer Stamm am Oberrhein, wohl ursprünglich den → Sequanern untergeordnet. 58 v. Chr. nahmen die Rauriker an der Auswanderung der → Helvetier teil. Sie wurden wie diese von → Caesar bei → Bibracte geschlagen und an den Oberrhein zurückgeschickt.

Refugium
im archäologischen Sinne befestigte Fluchtburg, die einer größeren Menge von Menschen Platz und Schutz vor Bedrohung bot.

Regenbogenschüsselchen
Bezeichnung eines keltischen Münztyps aus Gold, der im württembergisch-bayerischen Raum beheimatet ist. Oftmals fanden sich diese schüsselförmigen Goldmünzen nach dem Regen auf dem Acker. Da man glaubte, dass vom Ende des Regenbogens Gold auf die Erde tropft, erhielten sie diesen Namen.

Remer
keltischer Stamm, der im Nordosten Frankreichs siedelte.

Roma
Personifikation des römischen Staates als weibliche Gottheit. *Attribute:* Helm, Speer, Schild.

Römische Republik
Staatsform des römischen Staates in der Zeit zwischen dem Ende der Königsherrschaft (wohl nach 500 v. Chr.) und der Übertragung der Staatsgewalt an Octavianus 27 v. Chr. (? Kaiserzeit). Der Begriff steht auch für die römische Geschichte dieses Zeitraumes.

Rotliegend-Brekzie
Eine Brekzie ist ein Gestein aus Gesteinstrümmern grober eckiger Form, die durch hohen Druck verdichtet und zusammengebacken sind. Die durch Verkieselung klingend hart gewordene Rotliegend-Brekzie des Südschwarzwaldes eignet sich hervorragend zur Herstellung von Mühlsteinen, da sie porös und zäh zugleich ist.

Scheibengedreht
Im Gegensatz zu handgeformten wurden scheibengedrehte Keramikgefäße auf der Töpferscheibe hergestellt.

Schlacke
Abfallprodukt, das bei der Verhüttung oder beim Schmieden anfällt.

Schrötling
ungeprägter Metallrohling, der zur Herstellung einer Münze dient.

Sechspfostenspeicher
Speicherbauten, etwa für Getreide, standen oftmals über dem Erdboden auf Pfosten. Im Durchmesser vergleichsweise große Pfostengruben sind in der Regel das Einzige, was sich von solchen Bauten erhält. Je nach Pfostenanzahl werden sie z.B. Vier- oder Sechspfostenspeicher genannt.

Senonen
keltischer Stamm, der im nördlichen Mittelfrankreich siedelte.

Sequaner
großer und mächtiger keltischer Stamm, der im östlichen Mittelfrankreich siedelte.

Silen
Silenos oder *Seilenos* ist in der griechischen Mythologie der Sohn des Hirtengottes Pan oder des Hermes und einer Nymphe. Er war ein Mischwesen aus Mensch und Pferd, wobei allerdings kaum eine Ähnlichkeit mit den Kentauren bestand. Silenos hatte eine Stupsnase und den Schwanz, die Hufe und die Ohren eines Pferdes. Er war der Lehrer und Begleiter des Dionysos, des griechischen Gottes des Weins und der Fruchtbarkeit.

Sohlgraben
Im Gegensatz zum Spitzgraben handelt es sich um einen Graben mit flacher Sohle.

Stater
bezeichnet im Griechischen die Gewichtseinheit, auf die sich sämtliche → Nominale einer Währung beziehen. Der Begriff wird im Griechischen oftmals auf Goldmünzen angewendet, er kommt aber auch im Zusammenhang mit Silbermünzen vor. Weil die keltischen Goldmünzen in der Regel Nachahmungen der griechischen sind, werden diese ebenfalls als Statere bezeichnet.

Strabon
griechischer Historiker und Geograph (64/63 bis nach 23 v. Chr.).

Stempelgleich
Münzen, die mit demselben Stempel geprägt wurden, werden als stempelgleich bezeichnet.

Subaerat
Münzen, die einen Kern aus unedlem Metall unter einem dünnen Gold- oder Silberüberzug besitzen, werden als subaerat bezeichnet.

Sueben
germanischer Volksstamm in Südwestdeutschland. Unter der Führung von → Ariovistus zogen sie um 73 v. Chr. über den Rhein und versuchten, sich im Elsass festzusetzen. Von → Caesar 58 v. Chr. in einer Schlacht bei Mühlhausen besiegt, mussten sie sich jedoch wieder über den Rhein zurückziehen.

Teutates
Stammesgott der → Kelten. Dargestellt wurde er mit Widderkopf, möglicherweise auch als Eber.

Tonne
in der Latènezeit gebräuchliches hohes keramisches Gefäß mit leichter Wölbung und weiter Mündung.

Torques
keltischer Halsring, häufig aus Gold.

Tüpfelplatte
Tonplatte mit Vertiefungen zur Herstellung von Metallrohlingen für die Münzprägung.

Urbanisierung
Prozess der Städtebildung.

Vindeliker
keltischer Stamm, der im württembergisch-bayerischen Raum siedelte.

Votivgabe
Opfergabe, Weihegeschenk an die Götter.

Zeus
oberster griechischer Gott. Vater der Götter und der Menschen. *Attribute:* Adler, Szepter, Blitzbündel.

Literaturverzeichnis

Alder, C./Hagendorn, A./Lassau, G./ Reicke, D./Richner, K./Stegmüller, Ch.: Eine romanische Kirche unter der ehemaligen St. Johanneskapelle am Münsterplatz. In: Jahresbericht der Archäologischen Bodenforschung Basel-Stadt 2002 (2004) 79-95.

Benadik, B.: Die spätlatènezeitliche Siedlung von Zemplín in der Ostslowakei. In: Germania 34, 1965, 63-91.

Bender, H.: Neuere Untersuchungen auf dem Münsterberg in Breisach (1966-1975). 1. Die vorrömische Zeit. In: Archäologisches Korrespondenzblatt 6, 1976, 213-224.

Bender, H.: Neuere Untersuchungen auf dem Münsterberg in Breisach (1966-1975). 2. Die römische und nachrömische Zeit. In: Archäologisches Korrespondenzblatt 6, 1976, 309-320.

Bender, H./Pauli, L./Stork, I.: Der Münsterberg in Breisach II. Hallstatt- und Latènezeit. Münchner Beiträge zur Vor- und Frühgeschichte 40 (München 1993).

Berger, L. et al. (Hrsg.): Festschrift Elisabeth Schmid zu Ihrem 65. Geburtstag (Basel 1977).

Birkhan, H.: Bilder ihrer Kultur (Wien 1999).

Bittel, K./Kimmig, W./Schiek, S. (Hrsg): Die Kelten in Baden-Württemberg (Stuttgart 1981).

Bittel, K./Schiek, S./Müller, D.: Keltische Viereckschanzen. Atlas archäologischer Geländedenkmäler in Baden-Württemberg (Stuttgart 1990).

Bräuning, A./Dehn, R.: Neues zum Oppidum in Altenburg, Gde. Jestetten, Kreis Waldshut: In: Archäologische Ausgrabungen in Baden-Württemberg 2004 (Stuttgart 2005), 110-113.

Bräuning, A./Dornheim, S./Huth, C.: Eine keltische Viereckschanze am südlichen Oberrhein bei Mengen, Gem. Schallstadt-Wolfenweiler, Kreis Breisgau-Hochschwarzwald. In: Archäologische Ausgrabungen in Baden-Württemberg 2004 (2005), 113-117.

Burkhardt, A./Dehn, R.: Produktionsreste keltischer Potinmünzen vom Kegelriß bei Ehrenstetten, Gemeinde Ehrenkirchen, Kreis Breisgau-Hochschwarzwald. In: Archäologische Ausgrabungen in Baden-Württemberg 1992 (1993), 116-120.

Burkhardt, A.: Les monnaies celtiques de Sierentz et de Haute-Alsace. 2. Etude analytique et numismatique, Cahiers Alsaciens d'Archéologie, d'Art et d'Histoire, 37, 1994, 73-99.

Burkhardt, A./Stern, W.B./Helmig, G.: Keltische Münzen aus Basel. Numismatische und metallanalytische Untersuchungen. Antiqua 25 (Basel 1994).

Burkhardt, A.: Quantitative Methoden zur keltischen Numismatik am Beispiel der Münzfunde aus latènezeitlichen Siedlungen der Oberrheinregion. (Bern, Stuttgart, Wien 1998).

Burkhardt, A./Stern, W.B./Bachmann, H.-G./ Dehn, R.: Die Herstellung keltischer Goldmünzen aus ternären Au-Ag-Cu-Legierungen in Süddeutschland und der Nordschweiz. In: Metall 11, 2002, 728-732.

Burkhardt, A./Bachmann, H.-G./Dehn, R./ Stern, W.B.: Keltische Münzen aus latènezeitlichen Siedlungen des Breis-

gaus. Numismatische, geochemische und archäometallurgische Untersuchungen. In: Fundberichte aus Baden-Württemberg 27, (Stuttgart 2003), 281-439.
Collis, J.: Oppida. Earliest Towns North of the Alps (Sheffield 1984).
Cordie-Hackenberg, R./Geiss-Dreier, R./ André, M. (Hrsg.): Hundert Meisterwerke keltischer Kunst. Schmuck und Kunsthandwerk zwischen Rhein und Mosel. Schriftenreihe des Rheinischen Landesmuseums Trier 7 (Trier 1992).
Dannheimer, H./Gebhard, R. (Hrsg.): Das keltische Jahrtausend. Prähistorische Staatssammlung München, Museum für Vor- und Frühgeschichte (Mainz 1993).
Das Rätsel der Kelten vom Glauberg, Glaube – Mythos – Wirklichkeit, Katalog zur Ausstellung in Frankfurt (Stuttgart 2002).
Dehn, R./Wagner, H./Weber, G.: Neues zu Tarodunum, Gemeinde Kirchzarten, Kreis Breisgau-Hochschwarzwald. In: Archäologische Ausgrabungen in Baden-Württemberg 1987 (1988), 85-88.
Dehn, R.: Tarodunum und Kegelriß. Neues zur Spätlatènezeit im Breisgau. In: Denkmalpflege in Baden-Württemberg 17, 1988, 94-97.
Dehn, R.: Zu spätlatènezeitlichen Siedlungen im Breisgau. Marburger Kolloquium 1989. Wolfgang Dehn zum 80. Geburtstag. Veröffentlichungen des Vorgeschichtlichen Seminars Marburg, Sonderband 7 (Marburg 1989), 89-99.
Dehn, R.: Neue Entdeckungen zur Spätlatènezeit im Breisgau – Tarodunum, Kegelriss und der „Goldfund von Saint-Louis bei Basel“. In: P. Jud (Hrsg.), Die spätkeltische Zeit am südlichen Oberrhein. Kolloquium Basel, 17./18. Okt. 1991 (Basel 1994), 110-116.
Dehn, R.: Neues zu Tarodunum, Gemeinde Kirchzarten, Kreis Breisgau-Hochschwarzwald. In: Archäologische Ausgrabungen in Baden-Württemberg 1998 (1999), 113-115.
Dehn, R./Drauschke, J.: Ein keltischer Goldmünzschatz aus Riegel a.K., Kreis Emmendingen. Archäologische Ausgrabungen in Baden-Württemberg 2001 (2002), 82-85.
Dehn, R.: Der keltische Goldmünzschatz von Riegel. Archäologische Nachrichten aus Baden 68/69, 2004, 29-33.
Deschler-Erb, E.: Basel-Münsterhügel. Überlegungen zur Chronologie im 1. Jahrhundert v. Chr. In: Hüssen, C.-M./ Irlinger, W./Zanier, W. (Hrsg.): Spätlatènezeit und frühe römische Kaiserzeit zwischen Alpenrand und Donau. Akten Kolloquium Ingolstadt, 11./12. Oktober 2001. Kolloquien zur Vor- und Frühgeschichte 8 (Bonn 2004) 149-164.
Deschler-Erb,E./ Helmig, G./Schwarz, P.-A./ Spichtig, N.: Regio Basiliensis im Vergleich. Siedlungen und Baustrukturen in Basel und Augst am Übergang von Spätlatènezeit zu früher römischer Kaiserzeit. In: G. Kaenel/S. Martin-Kilcher/ D. Wild (Hrsg.): Colloquium Turicense. Siedlungen, Baustrukturen und Funde im 1. Jh. v. Chr. zwischen oberer Donau und mittlerer Rhone. Cahiers Archéologie Romande 101 (Lausanne 2005), 155-169.
Die Kelten in Mitteleuropa, Kultur, Kunst, Wirtschaft. Ausstellungskatalog des Salzburger Landesmuseums im Keltenmuseum Hallein, Österreich (Salzburg 1980).
Duval, P.-M.: Die Kelten (München 1978).
Fichtl, S.: La ville celtique. Les oppida de 150 av. J.-C. à 15 après J.-C. (Paris 2000).
Fingerlin, G.: Spätkeltische und frührömische Zeit an Hoch- und Oberrhein. In: Freiburger Universitätsblätter Heft 159, März 2003 (Freiburg 2003), 19-36.
Finlay, I.: Celtic Art. An Introduction (London 1973).
Fischer, F. Zu den Befestigungen bei Rheinau und Altenburg. In: Festschrift Walter Drack (Zürich 1977), 84-88.

Fischer, F.: Das Oppidum Altenburg-Rheinau. Ein Vorbericht. In: Germania 44, 1966, 286-312.
Fischer, F.: Die Besiedlung Südwestdeutschlands am Ende der Latènezeit. In: Archäologie und Geschichte des ersten Jahrtausends in Südwestdeutschland (Sigmaringen 1990), 29-42.
Fischer, F.: Staat, Gesellschaft und Siedlung. In: Die Kelten in Baden- Württemberg (Stuttgart 1981), 77-84.
Fischer, F.: Untersuchungen im spätkeltischen Oppidum von Altenburg-Rheinau. In: Ausgrabungen in Deutschland 1 (Mainz 1975), 312-323.
Fischer, F.: Der Handel der Mittel- und Spätlatènezeit in Mitteleuropa aufgrund archäologischer Zeugnisse. In: K. Düwel/H. Jankuhn/H. Siems/D. Timpe (Hrsg.), Untersuchungen zu Handel und Verkehr der vor- und frühgeschichtlichen Zeit in Mittel- und Nordeuropa. Teil I (Göttingen 1985) 285-298.
Forrer, R.: Ein interessanter Goldfund. Antiqua 1884.
Forrer, R.: Les monnaies gauloises ou celtiques trouvées en Alsace (Mulhouse 1925).
Frascoli, L.: Der „Keltenwall" von Rheinau, Kt. Zürich – Die Grabung von 1989. Jahrbuch der Schweizerischen Gesellschaft für Ur- und Frühgeschichte 74, 1991, 7-42.
Frey, O.-H.: Das Grab von Waldalgesheim. Eine Stilstudie des keltischen Kunsthandwerks. In: Joachim, H.-E.: Waldalgesheim. Das Grab einer keltischen Fürstin. Kataloge des Rheinischen Landesmuseums Bonn 3 (Köln 1995), 159-206.
Fries-Knobloch, J.: Die Kelten (Stuttgart 2002).
Furger-Gunti, A.: Zur Herstellungstechnik der Nauheimerfibel. In: L. Berger et al. (Hrsg.): Festschrift Elisabeth Schmid zu Ihrem 65. Geburtstag (Basel 1977) 73-84.
Furger-Gunti, A.: Die Ausgrabungen im Basler Münster I. Basler Beiträge zur Ur- und Frühgeschichte 6 (Derendingen und Solothurn 1979).
Furger-Gunti, A.: Der Goldfund von Saint-Louis bei Basel und ähnliche keltische Schatzfunde. Zeitschrift für Schweizerische Archäologie und Kunstgeschichte 39, 1982, 1-47.
Guichard, V./Sievers, S./Urban, O. H. (Hrsg.): Les processus d'urbanisation à l'Age du Fer. Eisenzeitliche Urbanisationsprozesse. Actes du colloque à Glux-en-Glenne (8-11 juin 1998). Collection Bibracte, 4 (Glux-en-Glenne 2000).
Guillaume, J.-P.: Les passoire. In: M. Feugère/C. Rolley (Hrsg.): La vaisselle tardo-républicaine en bronze. Actes de la table-ronde CNRS organisée à Lattes du 26 au 28 avril 1990 par l'UPR 290 (Lattes) e le GDR 125 (Dijon). Publications du Centre de Recherches sur les Techniques Gréco-Romaines 13 (Dijon 1991) 89-95.
Guillaume, J.-P.: L'artisanat chez les Gaulois (Paris 1996).
Gutmann, K.S.: Keltisch-helvetische Siedlung von Hochstetten. In: Germania 1, 1917, 71-78.
Hagendorn, A./Stelzle-Hüglin, S./Stegmüller, Ch.: Basel BS, Martinsgasse 6 und 8 (2004/01). Fundbericht Römische Zeit. In: Jahrbuch der Schweizerischen Gesellschaft für Ur- und Frühgeschichte 88, 2005, 349-350.
Hecht, Y./Jud, P./Spichtig, N.: Der südliche Oberrhein in spätkeltischer Zeit. Beispiel einer frühgeschichtlichen Region. In: Archäologie der Schweiz, 14.1 (1991), 98-114.
Hecht, Y./Helmig, G./Spichtig, N./Burkhardt, A./Deschler-Erb, E./Jud, P./Poux, M./Richner, K./Rissanen, H./Rodel, S.: Zum Stand der Erforschung der Spätlatènezeit und der augusteischen Epoche in Basel. In: Jahrbuch der Schweizerischen Gesellschaft für Ur- und Frühgeschichte 82, 1999, 163-182.

Hüssen, C. M./Irlinger, W./Zainer, W.: Spätlatènezeitliche und frühe römische Kaiserzeit zwischen Alpenrand und Donau, Akten des Kolloquiums in Ingoldstadt am 11. und 12. Oktober 2001 (Bonn 2004), 123-132.

Jacobsthal, P.: Early Celtic Art (Oxford 1944, Nachdruck ebd. 1969).

Jud, P. (Hrsg.): Die spätkeltische Zeit am südlichen Oberrhein. Le Rhin supérieur à la fin de l'époque celtique. Kolloquium Basel, 17./18. Oktober 1991 (Basel 1994).

Jud, P.: Zentralsiedlungen oder Grenzkastelle? Einige Überlegungen zur Funktion der spätlatènezeitlichen Befestigungen am südlichen Oberrhein. In: Mille Fiori. Festschrift für Ludwig Berger. Forschungen in Augst 25 (Augst 1998) 269-275.

Jud, P.: Zur Frage der Oppida am südlichen Oberrhein. In: V. Guichard/ S. Sievers/O. H. Urban (Hrsg.): Les processus d'urbanisation à l'Age du Fer. Eisenzeitliche Urbanisationsprozesse. Actes Colloque Glux-en-Glenne 1998. Coll. Bibracte 4 (Glux-en-Glenne 2000), 111-118.

Jud, P./Zehner, M.: Die mittlere und späte Latènezeit am südlichen Oberrhein. In: Trésors celtes et gaulois. Le Rhin supérieur entre 800 et 50 avant J.-C. (Colmar 1996) 195-203.

Kaenel, G./Maggetti, M.: Importation de céramique à vernis noir en Suisse: resultants d'analyses chimiques. In: Bulletin d'études préhistoire et d'archéologie alpines 18, 1986, 249- 261.

Kaenel, G./Martin-Kilcher, S./Wild, D. (Hrsg.): Colloquium Turricense. Siedlungen, Baustrukturen und Funde im 1. Jh. v. Chr. zwischen oberer Donau und mittlerer Rhône. Koll. Zürich, 17./18.01.2003. Cahiers d'Archéologie Romande 101 (Lausanne 2005).

Kamber, P./Hecht, Y./Spichtig, N./Rissanen, H.: Stadt der Kelten. Geschichten aus dem Untergrund. Schriften des Historischen Museums in Basel 13, Basel 2002.

Klein, M. et al.: Archäologische Ausgrabungen in Breisach am Rhein 1984 bis 1986. Rathauserweiterung und Tiefgaragenbau. In: Archäologische Informationen aus Baden-Württemberg 1 (Stuttgart 1987).

Kraft, G.: Breisach-Hochstetten. Vorläufiger Bericht über die Ausgrabungen 1931/34. In: Badische Fundberichte 7, 1935, 225-279.

Lang, A./Salac, V. (Hrsg.): Fernkontakte in der Eisenzeit. (Dalkové kontakty v dobe zelezné) (Prag 2002), 102-109.

Lenerz-de Wilde, M.: Zirkelornamentik in der Kunst der Frühlatènezeit. Münchner Beiträge zur Vor- und Frühgeschichte 25 (München 1977).

Le Rider, G.: Le monnayage d'argent et d'or de Philippe II frappé en Macedoine de 359 à 249 (Paris 1978).

Les Princes celtes et la Méditerranée, Ecole du Louvre (Paris 1988), 81-92.

Maier, B.: Die Religion der Kelten, Götter – Mythen – Weltbild (München 2001).

Major, E.: Gallische Ansiedelung mit Gräberfeld bei Basel. Basel 1940.

Maute, M.: Das Fibelspektrum aus dem spätlatènezeitlichen Oppidum Altenburg, Kr. Waldshut. In: Archäologisches Korrespondenzblatt 21, 1991, 393-397.

Megaw, J. V. S./Megaw, R.: Celtic Art, From its beginnings to the Book of Kells (Toledo 1989).

Megaw, J. V. S./Megaw, R.: The Basse-Yutz Find. Masterpiece of Celtic Art (London 1990).

Megaw, J. V. S./Megaw, R: Cheshire Cat and Mickey Mouse. Analysis, Interpretation and the Art of the La Tène Iron Age. In: Proceedings of the Prehistoric Society 36 (London 1979), 261-279.

Mischka, C./Mischka, D.: Geomagnetische Prospektionen einer bandkeramischen Siedlung und einer spätlatènezeit-

lichen Viereckschanze in Schallstadt/Mengen, Kr. Breisgau-Hochschwarzwald. In: Archäologische Nachrichten aus Baden 2005 (im Druck).
Moscati, S.: The Celts (Milano 1991).
F. Müller/G. Kaenel/G. Lüscher (Hrsg.): Eisenzeit. Die Schweiz vom Paläolithikum bis zum Mittelalter IV (Basel 1999).
F. Müller/G. Lüscher: Die Kelten in der Schweiz (Stuttgart 2004).
Nagy, P./Schreyer, S./Tiziani, A.: Rheinau – eine Siedlungsgeschichte über 200 Jahre. In: as. Archäologie in der Schweiz 27, 2004.1.
Nick, M.: Die keltischen Münzen vom Typ „Sequanerpotin". Eine Studie zur Typologie, Chronologie und geographische Zuweisung eines ostgallischen Münztyps. Freiburger Beiträge zur Archäologie und Geschichte des ersten Jahrtausends. Bd. 2 (Rahden/Westf. 2000).
Nick, M.: Rechtsrheinische Einflüsse auf die Keltenprägungen im Gebiet der heutigen Schweiz am Beispiel der sogenannten „Büschelquinare". In: H. R. Derschka/I. Liggi/G. Perret (Hrsg.), Regionaler und überregionaler Geldumlauf. Sitzungsbericht des dritten internationalen Kolloquiums der Schweizerischen Arbeitsgemeinschaft für Fundmünzen (Bern, 3.-4. März 2000). Untersuchungen zu Numismatik und Geldgeschichte 4 (Lausanne 2002) 167-200 Taf. 4-5.
Nick, M.: Saint Louis. In: Reallexikon der Germanischen Altertumskunde², Bd. 26 (Berlin/New York 2004) 130-133.
Nick, M.: Am Ende des Regenbogens... – Ein Interpretationsversuch von Hortfunden mit keltischen Goldmünzen. In: C. Haselgrove/D. Wigg-Wolf (Hrsg.), Iron Age Coinage and Ritual Practices. Studien zu Fundmünzen der Antike Bd. 20 (Mainz 2005) 115-155.
Nick, M.: Torques. In: Reallexikon der Germanischen Altertumskunde², Bd. 31 (im Druck).
Nierhaus, R.: Grabungen auf dem Münsterberg von Breisach. In: Badische Fundberichte 15, 1939, 61-63.
Nierhaus, R.: Zur Topographie des Münsterberges von Breisach. In: Badische Fundberichte 16, 1940, 94-113.
Nierhaus, R.: Grabungen in dem spätrömischen Kastell auf dem Münsterberg von Breisach (Kr. Freiburg i. Br.) 1938. In: Germania 24, 1940, 37-46.
Obmann, J./Wirtz, D.: Orte der Kraft? Bodendenkmale im Spannungsfeld zwischen Archäologie und Esoterik. In: Kölner Jahrbuch 27, 1994, 565-594.
Polenz, H.: Ein maskenverzierter Achsnagel der Spätlatènezeit vom Donnersberg in der Pfalz. In: Germania 52/2, 1974, 386-400.
Polenz, H.: Münzen aus latènezeitlichen Gräbern Mitteleuropas aus der Zeit zwischen 300 und 50 v. Chr. Geburt. Bayerische Vorgeschichtsblätter 47, 1982, 27-222.
Poux, M.: Les amphores de Bâle-Gasfabrik. In: Jahrbuch der Schweizerischen Gesellschaft für Ur- und Frühgeschichte 80, 1997, 147-172.
Price, M. J.: Alexander's Reform of the Macedonian regal Coinage. NC 142, 1982, 180-190.
Price, M. J.: The Coinage in the Name of Alexander the Great and Philip Arrhidaeus (London, Zürich 1991).
Rapin, A./Szabó, M./Vitali, D.: Con tributions à l' origine du Style des épées hongroises. Communicationes Archaeologicae Hungaricae 1992, 23-53.
Rentzel, P.: Ausgewählte Grubenstrukturen aus der spätlatènezeitlichen Fundstelle Basel-Gasfabrik, Geoarchäologische Interpretation der Grubenfüllungen. In: Jahresbericht der Archäologischen Bodenforschung des Kantons Basel-Stadt 1995, (Basel 1998), 35-79.
Rieckhoff, S./Biel, J.: Die Kelten in Deutschland (Stuttgart 2001).

Rieckhoff, S./Cain, H.-U.: Die Religion der Kelten, fromm – fremd – barbarisch (Mainz 2002).
Schönfelder, M.: Das spätkeltische Wagengrab von Boé, Studien zu Wagen und Wagengräbern der jüngeren Latènezeit, Römisch-Germanisches Zentralmuseum, Monographie 54 (Mainz 2002).
Stork, I.: Die keltische Siedlung von Breisach-Hochstetten. In: Archäologische Nachrichten aus Baden, 15, 1975, 3-9.
Stork, I.: Die mittel- und spätlatènezeitliche Siedlung von Breisach-Hochstetten. Bd. 1-2. Unveröffentliche Dissertation (München 1979).
Stork, I.: Le site de Breisach-Hochstetten et ses relations avec le Munsterberg. In: O. Buchsenschutz (Hrsg.): Les structures d'habitat à l'Age du Fer en Europe tempérée. L'évolution de l'habitat en Berry. Actes du colloque de Châteauroux, Bouges-le-Château, Levroux, 27-29 octobre 1978 (Paris 1981) 167-171.
Timpe, D.: Der keltische Handel nach historischen Quellen. In: K. Düwel/H. Jankuhn/H. Siems/D. Timpe (Hrsg.), Untersuchungen zu Handel und Verkehr der vor- und frühgeschichtlichen Zeit in Mittel- und Nordeuropa. Teil I (Göttingen 1985) 258-284.
Wagner, H.: Die latènezeitliche Siedlung Zarten (*Tarodunum*) und die Besiedlung des Zartener Beckens. In: Germania 79, 2001, 1. Halbband, 1-20.
Weber, G.: Neues zur Befestigung des Oppidums Tarodunum, Gde. Kirchzarten, Kreis Breisgau-Hochschwarzwald. In: Fundberichte aus Baden-Württemberg 14, 1989, 273-288.
Weber-Jenisch, G.: Museum für Stadtgeschichte Breisach am Rhein. Führer durch die Dauerausstellung (Breisach 1993).
Weber-Jenisch, G.: Der Limberg bei Sasbach und die spätlatènezeitliche Besiedung des Oberrheingebietes. Materialhefte zur Archäologie Baden-Württembergs 29 (Stuttgart 1995).
Weber-Jenisch, G.: Exkurs „Viereckschanzen". In: B. Jenisch: „Grenze war ich einst den Galliern …" Spuren barocker Festungs- und Belagerungswerke bei Breisach am Rhein. Fundberichte aus Baden-Württemberg 20, 1995, 881-883.
Wendling, H.: Neues aus Tarodunum. Ausgrabungen in der mittel- und spätlatènezeitlichen Großsiedlung von Kirchzarten-Zarten „Rotacker", Kreis Breisgau-Hochschwarzwald. In: Archäologische Ausgrabungen in Baden-Württemberg 2004 (2005), 107-110.
Wendling, H.: Der Fehlbrand eines spätlatènezeitlichen Doliums vom Breisacher Münsterberg. Ein Beitrag zur Wirtschaftsgeschichte des Oberrheingebietes. In: Archäologisches Korrespondenzblatt 35, 2005, 377-396.
Wendling, H.: Töpfer, Schmiede, Münzmeister – Nachweise mittel- und spätlatènezeitlichen Handwerks in *Tarodunum*, Gde. Kirchzarten, Kreis Breisgau-Hochschwarzwald. In: Archäologische Ausgrabungen in Baden-Württemberg 2005 (2006) (im Druck).
Wendling, H.: Die Spätlatènezeit auf dem Münsterberg von Breisach. Neueste Untersuchungen zur Chronologie und Chorologie eines oberrheinischen Zentralortes. Annales littéraires de l'université de Franche-Comté. Série «Environnement, sociétés et archéologie» (im Druck).
Wendling, H.: Neue Forschungen zur spätlatènezeitlichen Besiedlung des Breisacher Münsterberges. Archäologische Nachrichten aus Baden (in Vorbereitung).
Wendling, H.: Vorrömische Fundmünzen und Produktion spätlatènezeitlicher Sequaner-Potins auf dem Breisacher Münsterberg (in Vorbereitung).
Wielandt, F.: Keltische Fundmünzen aus Baden. In: Jahrbuch für Numismatik und Geldgeschichte 14, 1964, 97-115.

Wieland, G. (Hrsg.): Keltische Viereckschanzen. Einem Rätsel auf der Spur (Stuttgart 1999).
Wieland, G.: Mittelmeerwein an der oberen Donau. Zeugnisse des europaweiten Fernhandels in keltischer Zeit. In: Archäologie im Umland der Heuneburg. Neue Ausgrabungen und Funde an der oberen Donau zwischen Mengen und Riedlingen. Archäologische Informationen aus Baden-Württemberg 40 (Stuttgart 1999), 69-76.
Wieland, G.: Keltische Fluss-Schifffahrt in Südwestdeutschland. In: Arch. Landesmuseum Baden-Württemberg (Hrsg.), Einbaum, Lastensegler, Dampfschiff. Frühe Schifffahrt in Südwestdeutschland. Almanach 5/6, 2000/2001 (Stuttgart 2000), 77-92.
Wolf, J.-J.: Contribution à l'étude des établissements gaulois du Rhin Supérieur: l'aedificium de La Tène III de Sierentz et la station de Habsheim. Revue d'Alsace, 1983.
Wolf, J.-J.: L'artisanat gaulois des origines du vicus de Sierentz: deux fours de potier témoins d'une production régionale au Ier siècle avant notre ère. Annuaire de la Société d'Histoire de la Hochkirch et de Haute-Alsace (Sierentz 1986-1987).
Wolf, J.-J./Viroulet, B./Dumez, T.: Les monnaies celtiques de Sierentz et de Haute-Alsace. 1. Le contexte archéologique. Cahiers Alsaciens d'Archéologie, d'Art et d'Histoire 37, 1994, 65-72.
Wyss, R.: Fruchtbarkeits-, Bitt- und Dankopfer vom Gutenberg. In: helvetia archaeologica, Archäologie in der Schweiz 43/36, 1978, 157.
Zehner, M.: Sierentz-„Landstrasse", les fours de La Tène finale, étude de la céramique. Cahiers de l'Association pour la Promotion de la Recherche Archéologique en Alsace, 1995.

Zitierte Schriftquellen

APPIAN, Maked.
Appian von Alexandria, Römische Geschichte. 2 Bde., deutsch, übersetzt und herausgegeben. von Otto Veh. Bibliothek der griechischen Literatur Bd. 23 u. 27 (Stuttgart 1987 und 1989).

CAESAR, b.g.
Gaius Iulius Caesar, Der Gallische Krieg. Deutsch, übersetzt und herausgegeben von Marielouise Deissmann. Reclam Universalbibliothek Nr. 1012 (Stuttgart 1981).

DIODOR
Diodor´s von Sicilien historische Bibliothek. 19 Bde., deutsch, übersetzt von Julius Friedrich Wurm (Stuttgart 1827-1840).

EURIPIDES, Rhesos
Euripides, Rhesos: Tragödie eines unbekannten Dichters 921-922.

HERODOT
Herodot, Historien 7, 112; 9, 75

LIVIUS
T. Livius, Römische Geschichte. 11 Bde., lateinisch/deutsch, herausgegeben von Hans-Jürgen Hillen (Darmstadt 1974-2000).

PLINIUS, NAT.
Plinius Historia naturalis 7, 197

POLYBIOS
Polybios, Geschichte. 2 Bde., deutsch, übersetzt von Hans Drexler (Zürich/Stuttgart 1961).

POSEIDONIOS
Jürgen Malitz, Die Historien des Poseidonios. Zetemata 79 (München 1983).

STRABON
The Geography of Strabo. 8 Bde., griechisch/englisch, übersetzt von Horace L. Jones. The Loeb Classical Library (Repr. London 1959-1961).

Bildnachweis

3, 4-7, 11, 17, 89-90 (H. Wendling, Tübingen)
2, 14, 16, 31, 33-35, 37-43, 55-64, 66-70, 77-80, 82, 84-88, 91-95, 97-99, 101, 107-115 (Referat Denkmalpflege, RP Freiburg)
9 (Archäologische Bodenforschung, Basel-Stadt)
8 (J. Sailer, Landesdenkmalamt Baden-Württemberg)
10 (Graphische Sammlung Museum BL, Liestal, Schweiz)
12 (H. Jensen)
15, 21 (A. Burkhardt, Basel)
18 (nach A. Furger-Gunti 1977, Abb. 3.)
21 (Württembergisches Landesmuseum Stuttgart)
1, 13, 19, 45, 53, 100, 105 (C. Urbans, Referat Denkmalpflege, RP Freiburg)
23 (Rheinisches Landesmuseum Bonn, Landschaftsverband Rheinland)
24-25 (P. Frankenstein, H. Zwietasch, Württembergisches Landesmuseum Stuttgart)
27 (Landesamt für Denkmalpflege Rheinland- Pfalz, Archäologische Denkmalpflege Amt Speyer)
28 (M. Eberlein, Archäologische Staatssammlung München)
29 (C. Plamp, Museum für Vor- und Frühgeschichte MVF, Staatliche Museen Berlin – Preußischer Kulturbesitz SMB – PK)
30 (Manuela Schreiner, Archäologisches Landesmuseum Konstanz)
32 (Bildarchiv Liechtensteinisches Landesmuseum)
36 (nach A. Burkhardt, W.B. Stern und G. Helmig 1994, S. 171, 174)
44 (M. Nick)
22, 26, 46-48, 50 (H.-P. Vieser, Städtische Museen Freiburg)
49, 52 (M. Schreiner, Archäologisches Landesmuseum Baden-Württemberg)
51 (nach J.-P. Guillaume 1991, Fig. 1.)
54 (Historisches Museum Basel)
65 (REM Labor Universität Basel)
71 (RMN/ Musée des Antiquités Nationales, Saint-Germain-en-Laye/ Foto: H. Lewandowski/ Vertrieb bpk Berlin)
72 (nach R. Forrer 1884, Taf. II.)
73 (nach R. Forrer 1925, fig. 69.)
74 (nach F. Wielandt 1964, Taf. 6-8.)
75 (nach R. Forrer 1925, Taf. 3.)
76 (nach M. Nick 2005, Abb. 1.)
81 (M. Hüfner, Waldshut-Tiengen)
83 (O. Schnait, Dübendorf, 4.11.1954)
96 (R. Dehn, Freiburg)
102 (nach Carsten u. Doris Mischka 2005)
103, 106 (S. Dornheim, Referat 25 - Denkmalpflege, RP Freiburg)
104 (D. Tschocke und C. Urbans, Referat 25 - Denkmalpflege, RP Freiburg)
114 (Institut Géographique National)
116-119 (Service d'Archéologie Ensisheim)
120 (Reproduktion gemäß Bewilligung des Grundbuch- und Vermessungsamtes Basel-Stadt vom 31.11.2005)
121 (Reproduktion des Luftbilds gemäß Bewilligung des Grundbuch- und Vermessungsamtes Basel-Stadt vom 31.11.2005. Bearbeitung: N. Spichtig, Archäologische Bodenforschung, Basel-Stadt)
122 (Computerrekonstruktion: Element GmbH, Basel)
124 (Aquarell: H. Colombi, Archäologische Bodenforschung, Basel-Stadt)
126 (P. Portner, Historisches Museum Basel)
127 (H. Kessler, Archäologische Bodenforschung, Basel-Stadt)
130 (N. Spichtig, Archäologische Boden-

forschung, Basel-Stadt nach einer Vorlage vom Grundbuch- und Vermessungsamt Basel-Stadt)
132 (Seminar für Ur- und Frühgeschichte, Universität Basel)
131, 139-141 (Th. Kneubühler, Archäologische Bodenforschung, Basel-Stadt)
123, 125, 128-129, 133-138, 142 (Ph. Saurbeck, Archäologische Bodenforschung, Basel-Stadt)

Die Autoren

DR. ANDREA BRÄUNING
Referat Denkmalpflege
Regierungspräsidium Freiburg
D - 79083 Freiburg i. Br.

DR. ANDREAS BURKHARDT
Institut für Zerstörungsfreie Analytik +
Archäometrie
Unterer Rheinweg 60
CH - 4057 Basel

DR. ROLF DEHN
Stadtstraße 17
D - 79104 Freiburg i. Br.

DR. ECKHARD DESCHLER-ERB
Abteilung für Ur- und Frühgeschichte
der Universität Zürich
Karl-Schmid-Strasse 4
CH - 8006 Zürich

SASKIA DORNHEIM, M.A.
Institut für Ur- und Frühgeschichte und
Archäologie des Mittelalters der
Universität Freiburg
Belfortstr. 22
D - 79085 Freiburg i. Br.

DR. ANDREA HAGENDORN
Archäologische Bodenforschung
Kanton Basel-Stadt
Petersgraben 9-11
CH - 4051 Basel

PROF. DR. CHRISTOPH HUTH
Institut für Ur- und Frühgeschichte und
Archäologie des Mittelalters der
Universität Freiburg
Belfortstr. 22
D - 79085 Freiburg i. Br.

DR. MICHAEL NICK,
Inventar der Fundmünzen der Schweiz
Aarbergergasse 30
Postfach 6855
CH - 3002 Bern

NORBERT SPICHTIG, LIC. PHIL.
Archäologische Bodenforschung
Kanton Basel-Stadt
Petersgraben 9-11
CH - 4051 Basel

HOLGER WENDLING, M.A.
Institut für Ur- und Frühgeschichte und
Archäologie des Mittelalters der
Universität Tübingen
Schloß Hohentübingen - Fünfeckturm
D - 72070 Tübingen

JEAN-JACQUES WOLF
Service d'archéologie du Haut-Rhin
15, place de l'Eglise
F - 68190 Ensisheim